Der dressierte Bürger

Dr. Reinhard K. Sprenger gilt als profiliertester Führungsexperte Deutschlands. Zu seinen Kunden zählen nahezu alle DAX-100-Unternehmen. Mit seinen mittlerweile zu Klassikern avancierten Büchern *Mythos Motivation, Aufstand des Individuums, Das Prinzip Selbstverantwortung, Die Entscheidung liegt bei Dir* und *Vertrauen führt* (alle Campus Verlag) veränderte Reinhard K. Sprenger die Managementwelt.

Reinhard K. Sprenger

Der dressierte Bürger

Warum wir weniger Staat und
mehr Selbstvertrauen brauchen

Campus Verlag
Frankfurt/New York

Bibliografische Information der Deutschen Bibliothek

Die Deutsche Bibliothek verzeichnet diese Publikation in der
Deutschen Nationalbibliografie. Detaillierte bibliografische Daten
sind im Internet über http://dnb.ddb.de abrufbar.
ISBN 3-593-37759-4

Umschlaggestaltung: Büro Hamburg
Umschlagmotiv: Büro Hamburg
Satz: Fotosatz L. Huhn, Maintal-Bischofsheim
Druck und Bindung: fgb, Freiburg
Gedruckt auf säurefreiem und chlorfrei gebleichtem Papier.
Printed in Germany

Inhalt

Vorwort

Ich bin ein Staatsfeind. Geworden, nicht schon immer gewesen. Und ich mag Deutschland. Die Landschaft fast immer, die Menschen meistens. Ich bin auch nicht gegen *jede* Form des Staates. Aber ich bin gegen einen Staat, der sich in mein Leben drängt, der mich gängeln will, der mich zu erziehen versucht. Ich will mein eigenes Leben leben – und auch *führen*. Deshalb dieses Buch. Es soll ein Augenöffner sein. Nicht fair, nicht ausgewogen, aber klar. Natürlich habe ich nicht die Illusion, dieses Buch könnte den Staat ändern; aber es kann verhindern, dass der Staat *Sie* ändert.

Einleitung

»Krise? Ja! Kümmert euch um die Krise eurer Hirne!«

Helmut Schmidt, 1982

Rasender Stillstand

Deutschland zu Beginn des neuen Jahrtausends. Ein alternder Patient, der mit seinen Beschwerden prahlt. Welk und gestrig. Aber nur vordergründig leidet er an einer speziellen Krankheit. Er leidet an einer Grundmüdigkeit. Und die kommt von Gelenkarthrose und Muskelschwund. Der Patient ist nicht mehr so flink, hat nicht mehr so viel Elan. Deutschland hat seine Beweglichkeit verloren.

An Therapievorschlägen mangelt es nicht. Viele suchen den Ausweg aus der bewegungsängstlichen Schonhaltung, wollen die Kräfte entfesseln, die unser Land wieder nach vorne bringen können: Leistungsfreude, Bildung, Innovation. Dabei herrscht die Illusion, alles wende sich zum Guten durch die eine oder andere Reform, zum Großpaket geschnürt, mit Schlagworten gestempelt und in ihrer heilsbringenden Wirkung tagtäglich in Talkshows gebetsmühlenhaft angepriesen. Auf allen Kanälen verkaufen Politiker mit großer Geste kleinste Korrekturen als fundamentale Lösungen. Ein hektisches Hin und Her, ein Schrauben hier und ein Drehen da, ein Aufbrechen und Rücken, eine Betriebsamkeit, die mit ihren Scheindebatten vor allem eines will: vertuschen. Ein rasender Stillstand, der ablenken will von der Tatsache, dass sich *eigentlich* gar nichts tut.

Da ist kein »Ruck«, der durch Deutschland geht, kein An- und Auftrieb, selbst der Protest nur halbherzig – und der große Rest wirkt wie gelähmt. Warum? Weil wir nicht *grundsätzlich* werden. Weil wir die schnelle Lösung wollen. Weil wir lieber an Symptomen reparieren. Weil wir nicht wahrhaben wollen, dass es vermutlich sehr lange dauern wird, bis wir uns wieder erholt haben. Denn unsere Probleme sind tief eingelagert in unsere Gesellschaft, in unser Selbst- und Staatsverständnis. Es sind die *Mentalitäten*, mit denen wir uns beschäftigen müssen. Wir wagen zu wenig, sind nicht selbstsicher und eigensinnig genug. Wenn vom Staat, von Politik, vom Gemeinsamen die Rede ist, dann regiert das Achselzucken, die wegwerfende Handbewegung, die Häme, das Zeigen auf »die da«, das Warten auf »oben«, sollen die erstmal ... Man hält fest, was festzuhalten ist, hat genug zu tun, das eigene Leben auf die Reihe zu kriegen, sich einzurichten im Hier und Jetzt und mit Blick auf eine Zukunft, die bestenfalls ein »Weniger« verheißt. Mut – das ist bei uns Unmut oder Wehmut. Bei den einen. Bei den anderen ist es Hochmut.

Wie konnte das passieren?

80 Millionen Trantüten?

Für eine Antwort hat man die Wahl zwischen zwei Perspektiven. Man kann unterstellen, dass die Bürger grundsätzlich antriebslos und unbeweglich sind, kurzsichtig und selbstsüchtig. In diesem Fall kommt dem Staat die Aufgabe zu, sie zu ändern. Er muss sie steuern, bewegen, sie gleichsam gegen ihre natürliche Neigung aktivieren. Diese Sicht unterstellt mangelnde Leistungsbereitschaft und -fähigkeit grundsätzlich und qua Menschenbild. Das Problem ist der Bürger.

Man kann die Frage aber auch anders stellen: »Warum sind die Bürger *nicht mehr* so beweglich?« Diese Frage geht davon aus, dass der Mensch grundsätzlich motiviert ist, aber seinen Glauben an das eigene Können und seine Freude am Tun eingebüßt hat. Diese Perspektive konzentriert sich auf die Gründe von De-Motivation und Unbeweglichkeit, beleuchtet die Rahmenbedingungen, unter denen ein Verhalten gezeigt werden soll. Der Spiegel wird gedreht: Der Staat ist das Problem.

Die Politiker bevorzugen naturgemäß die erste Variante. Es ist leichter, ein gesellschaftliches Problem zu individualisieren und es einem Defizit des Bürgers anzulasten. Der Bürger ist halt nicht so, wie er sein sollte. Deshalb müssen seine Fähigkeiten »gefördert« werden, sein Engagement »gefordert«. Der Staat hat einen Erziehungsauftrag, der Bürger wird zur therapeutischen Daueraufgabe.

Man stelle sich vor, einige tausend Menschheitsbeglücker versuchen eine Masse von 80 Millionen Trantüten zu bewegen. Sie nutzen ihren Verstand, um ihn dieser Masse auszusaugen. Das tun sie aber nicht direkt und böse, sondern indirekt und freundlich – indem sie milde lenken, Notlagen lindern, fördern, schützen, verteilen und umverteilen, die Sprache und Schreibweise regeln, zu gesundem Verhalten mobilisieren, die Nahrung engelsrein halten und die Lebenslagen unentwegt verbessern. Aber die so »bewegten« Millionen werden immer schwächer, verfügen bald über keinen eigenen Antrieb mehr und sinken immer tiefer in dumpfe Gleichgültigkeit.

Der Bürger hat abgedankt

In diesem Buch will ich zeigen, wie sich die Deutschen unter dem lenkenden Einfluss des Staates in den letzten Jahrzehnten verändert haben. Mein Hauptergebnis: Der Souverän hat abgedankt. Die Deutschen sind so unbeweglich, weil sie sich daran gewöhnt haben, bewegt *zu werden.* Der Verlust unseres Selbstvertrauens ist die Spätfolge staatlicher Dressur. »Ich? Dressiert? Niemals!« – so mögen Sie reagieren. Meine Beobachtung ist: Wir haben uns schon so an staatliche Entmündigung gewöhnt, dass sie uns kaum noch auffällt. Sie ist zur »Selbstverständlichkeit« geworden, unsere Sensoren sind mittlerweile abgestumpft. So wie die meisten Menschen zugeben, dass Werbung wirkt. Nur nicht auf sie.

Der Staat glaubt, das Problem seien Sie und ich; in Wahrheit ist er es. Die notwendigen Entscheidungen werden nicht getroffen, weil sie auf *Selbstentmachtung* des Staates hinausliefen. Das heißt aber auch: Es gibt keine Lösung ohne Entmachtung des Staates. Und auch diese Konsequenz wird einigen von Ihnen nicht gefallen. Schnell kommen wir da in Zonen reflexhafter Abwehr, in verminte Wortfelder. Ist es denn nicht Aufgabe des Staates, das Verhalten der Menschen zu steuern? Für das Gemeinwohl zu sorgen? Für Recht und Ordnung? Bestätigen wir uns gleich am Anfang das Selbstverständliche: Ja, es gibt Menschen, die sich nicht selber helfen können. Ja, wir sind als Menschen auf die Gemeinschaft angewiesen. Ja, wir brauchen den Staat als Ordnungsmacht. Was wir *nicht* brauchen, ist ein Staat, der sich auf der einen Seite immer weiter vom Bürger entfernt, auf der anderen Seite immer tiefer in seine Lebenswelt hineinregiert, nach gut und schlecht sortiert, vorsorglich entmündigt und fürsorglich entschädigt. Wenn Deutschland wieder ein zuversichtliches, erfolgreiches, ein kraftvolles Land werden will, dann nur, wenn seine Bürger Zuversicht aus *eigener* Kraft und Leistung gewinnen. Wir dürfen uns selbst was zutrauen!

Was Sie erwartet

Im 1. Kapitel diagnostiziere ich den Zustand Deutschlands und beschreibe die mentale Ausgangslage. Das ist in letzter Zeit öfter getan worden. Mögliche Lösungen werden aber nicht funktionieren, wenn sie nur *innerhalb* eines Rahmens gesucht werden, der staatliches Tun in seiner jetzigen Form festschreibt. Wir müssen tiefer loten. Denn Antworten auf die großen gesellschaftlichen Fragen finden wir nicht bei dieser oder jener Regierung, nicht bei diesen oder jenen Reformen; wir finden sie im Ringen zwischen *staatlicher Steuerung* und *individueller Freiheit*. Diese Spannung bestimmt das kollektive Bewusstsein, das innere Bild, das die deutsche Gesellschaft von sich selbst hat. In der Sprache der politischen Psychologie: die »shared mental models«. Falls Sie gute Laune haben und behalten möchten, können Sie dieses Kapitel getrost überspringen.

Im 2. Kapitel frage ich: Wie schaut der Staat auf seine Bürger? Welches Bild hat er von *Ihnen*? Das kann kein sonderlich wertschätzendes sein, denn es ist vorrangig von einem Grundzug geprägt: *Misstrauen*. Dieser Staat glaubt dem Bürger nicht, dass er in der Lage ist, sein Leben selbst zu regeln. Dieser Staat misstraut der Freiheit, dem Aushandeln, der Selbstverantwortung. Der Bürger, so die Annahme, ist nicht in der Lage, eine *eigene* Idee vom guten Leben zu entwickeln und gemeinsam mit anderen umzusetzen. Da muss der Staat ran. Er weiß, was gut für die Menschen ist. Er hat die »richtigen« Werte, die »notwendigen« Ziele, er allein weiß, was die Menschen für ein funktionierendes Zusammenleben brauchen.

Vor allem aber weiß der Staat, was *er selbst* braucht. In weiten Teilen dieses Kapitels beschreibe ich die Mittel, mit denen der staatliche Oberlehrer die Deutungshoheit über das gute Leben durchsetzen will. Das Steuerrecht dient mir dabei als Paradebeispiel, das uns alle angeht. Dennoch gilt mein Interesse nicht vorrangig den Steuern als solchen, ob sie zu hoch oder zu niedrig sind, gerecht oder ungerecht, sinnvoll eingesetzt oder verschwendet werden. Dazu wurde viel gesagt, von vielen Seiten und mit vielen Vorschlägen. Es geht mir hier um etwas anderes: um das *Steuern durch Steuern*. Es geht mir um die Steuer als ein Werkzeug der Gängelung, mit dem der Staat seine Lehrziele unter die Leute bringt.

Das 3. Kapitel ist mit »Kollateralschäden« überschrieben. Es bildet den Hauptteil des Buches. In ihm beschreibe ich die *Konsequenzen* staatlicher Lenkung. Dazu nutze ich die Erkenntnisse der Sozialpsychologie, vor allem der Verhaltensforschung und der Systemtheorie. Sie alle stehen in Deutschland nicht hoch im Kurs.

Umso wichtiger erscheint es mir, ihre Beiträge zur Geltung zu bringen. Das Kapitel macht Sie mit der »Schwanzprämie« bekannt (sollten Sie sie noch nicht kennen), führt Sie in die Absonderlichkeiten der Gesinnungsvergütung ein, lüftet das Geheimnis der geheimen Steuerverführer und beschreibt ihre desaströsen Spät- und Nebenwirkungen. In jedem Fall wird klar: Der Staat löst nicht unsere gesellschaftlichen Probleme, er verursacht sie.

Ich zeige dies, weil ich verdeutlichen will, wie weit verzweigt und tief verankert unsere Probleme sind: Grundmüdigkeit und Verdrossenheit sind nicht Ursachen, sondern *Wirkungen.* Meine Diagnose vom herannahenden »Maximalstaat« werden einige von Ihnen dennoch nicht nachvollziehen wollen. Zu selbstverständlich ist es geworden, dass die Politik sich in das Leben der Bürger einmischt. Wenn wir das wieder sehen wollen, müssen wir Distanz nehmen. Wir müssen die Hintergrundüberzeugungen betrachten, in deren Bannkreis sowohl staatliche Eingriffe wie die gängigen Reformvorschläge bleiben. Dann erkennen wir, dass wir mit unserem politischen Bewusstsein im 19. Jahrhundert verharren. Und dass wir überlebte Überzeugungen fallen lassen müssen, wollen wir zukunftsfähig sein. Damit kennen wir auch die Richtung, in die wir gehen müssen, wollen wir unser Land wieder aus dem Jammertal herausführen.

Im Kapitel 4 will ich dafür ermutigende *Alternativen* aufzeigen: Was ist zu tun? Oder besser: Was ist zu lassen?

Persönliche Anmerkungen

Dieses Buch streitet um Grenzen. Um die Grenzen zwischen dem Bürger und dem Staat. Mehr noch: Es streitet um *Distanzen.* Um Ihre und meine Würde. Inwieweit darf der Staat in die Lebensführung des Einzelnen eingreifen? Auf welches Menschenbild stützt er sich, und auf welches Menschenbild zielt er? Das Selbstbewusstsein des Bürgers, sein Selbstvertrauen und seine Selbstverantwortung, das sind die Hauptgegenstände dieses Buches. Verflochten darin ist eine Vielzahl von politischen Randfragen. Vor dem Hintergrund der deutschen Lage geht es mir vorrangig um deren Wirkung auf unsere *inneren Einstellungen*. Ich will Ihnen die Kosten des staatlichen Lenkungswahns bewusst machen. Manchmal gehen einem ja die Augen auf, wenn sie einem zugedrückt werden sollen.

Das Buch leidet darunter, dass es die deutsche Misere aus einem Punkt heraus erklärt: staatliche Lenkung. Dadurch wird die Diagnose unzulässig verkürzt; die Wirklichkeit lässt sich nicht so leicht über einen Leisten schlagen. Eine Verzerrung liegt außerdem darin, dass ich zwischenzeitlich aufkommenden Zweifel zur Seite wischte, um meinen Kerngedanken mit größtmöglicher Klarheit auszuführen; ich wollte mich – und Sie – nicht im Dickicht der tagespolitischen Nebenschauplätze verlieren. Zudem dehnt es die negativen Konsequenzen staatlicher Lenkung, verkürzt die positiven, nicht zu reden von dem, was ich absichtlich unter den Tisch habe fallen lassen, weil es sich meiner Argumentation nicht fügte. Seine Hauptschwäche aber liegt zweifellos in dem naiven Glauben, dass der Staat für die Menschen da sei – nicht umgekehrt.

Ich benutze den Begriff »Staat« im weitesten Sinne, als letztlich unauflösliche Melange von Politik, Bürokratie, Ausschüssen, Verbänden, Lobbyisten, Parteien und informellen Netzwerken. Dabei bin ich mir bewusst, dass ich insbesondere manchen Bürokraten Unrecht tue. Sie erleben sich häufig selbst als Opfer einer sprunghaften und zudringlichen Politik. Sie mögen mir Verallgemeinerung verzeihen. Wenn ich im Buchtitel das Beiwort »dressiert« gewählt habe, dann ziele ich damit auf alle Methoden, die Menschen dazu veranlassen, etwas zu tun, was sie *ohne* diese Beeinflussung nicht getan hätten. Also ein Oberbegriff für eine ganze Reihe verwandter Begriffe: Verführung, Kontrolle, Manipulation.

Ich berate Unternehmen. Und ich lege hier ein politisches Buch vor. Was berechtigt einen Unternehmensberater dazu, sich als Staatsreformer aufzuspielen – außer natürlich der Eitelkeit, die eigenen Einsichten für allgemein interessant zu halten? Nun, ich sehe Parallelen zwischen dem, was in Unternehmen passiert und was in unserem Land passiert. Ich glaube, dass unser Land etwas lernen kann von den Praktiken, die in den Unternehmen soviel Demotivation, Widerstand, Zynismus und letztlich schlechte Ergebnisse erzeugen. Ich bin *nicht* der Meinung, dass man den Staat wie ein Wirtschaftsunternehmen führen sollte – das glauben nur karrierelüsterne Verwaltungsbeamte sowie die Beratungsindustrie, die in wirtschaftlich schwierigen Zeiten ihren Apparat auslasten will. Aber ich will nicht schweigen, wenn ich sehe, dass der Staat in dieselben Sackgassen rennt, die den Unternehmen das Überleben schwer machen. So, wie viele Führungskräfte die gelernte Hilflosigkeit von Mitarbeitern ausbeuten, um sich unersetzlich zu machen, so beuten viele Politiker die behauptete Hilflosigkeit von Bürgern aus, um ihrem Eigennutz zu dienen. Was zu verschleiern wäre.

Auch dieses Buch sattelt letztlich auf dem Gedanken, der alle meine Arbeiten durchzieht: *An der Freiheit des anderen kommt niemand vorbei.* Wen dieser Gedanke unaufhörlich beschäftigt, wer ihn immerzu denken muss, immer wieder bestätigt sieht, der braucht in diesen Zeiten ein Thema nicht zu suchen. Ich führe daher hier weiter, was ich auf den letzten Seiten von *Die Entscheidung liegt bei Dir* angedeutet habe. Eine »Kultur der Selbstverantwortung« habe ich dort als Ausblick umrissen; ihr will ich hier eine politische Basis geben. Dabei möchte ich Sie einladen, sich für meine Argumente zu öffnen, unabhängig davon, wo sie richtungspolitisch stehen. Dass sich Deutschland zum kranken Mann Europas entwickelte, ist nicht die Schuld eines politischen Lagers, sondern das Ergebnis *kollektiver* Selbstschwächung. Wir haben kein Regierungsproblem, wir haben ein Staatsproblem. Ich will zeigen, dass *jegliches* staatliche Eingreifen das soziale Leben verschlechtert: Es behindert das Aushandeln, Gestalten und Verantworten zwischen den Menschen. In Anlehnung an einen berühmten Appell Bismarcks: Setzen wir Deutschland in den Sattel; reiten wird es schon können.

»Wir leiden, also sind wir.« Deutschland – ein Opferclub

Bestandsaufnahme

»Denk' ich an Deutschland in der Nacht ...« Wo anfangen? Wo aufhören? »Sanierungsfall Deutschland«, »Stillstandort«, »Schlusslicht D« – was haben die Niedergangsdiagnostiker sich nicht alles für Umschreibungen einfallen lassen. Selbst das schöne Wort »Urnengang« hat neuerdings einen eigenartigen Beiklang.

Die Faktenlage ist eindeutig: Deutschland ist in die zweite Liga abgestiegen, in einigen Bereichen schon in die dritte. Der Wohlfahrtsstaat ist am Ende. Die Wirtschaft, personell verklüngelt und in ihrem unehrlichen Korporatismus weder modern noch glaubwürdig, verharrt in Dauerlähmung, kennt nur noch Kosten und vergisst die Chancen. Keine EU-Volkswirtschaft wächst so langsam – und wird von Politikern gesteuert, die mehrheitlich nie in ihrem Leben ein Unternehmen von innen gesehen haben.

Deutschland in der Defensive: Der Weltmarktanteil der deutschen Industrie sinkt seit Jahren beständig; auf immer weniger Gebieten können deutsche Unternehmen Weltgeltung beanspruchen. Da sind noch der Automobilbau (eine Industrie, die ihren Zenit überschritten hat), der Maschinenbau, mit Abstrichen die Elektrotechnik, die Chemie und die Biotechnologie. Land der Ideen? Die Differenz zwischen eigenen und zugekauften Ideen hat sich allein im letzten Jahrzehnt vor der Jahrtausendwende verfünffacht.

Gleichzeitig nimmt die Staatsverschuldung rasant zu; nirgendwo in Europa ist das Staatsdefizit höher. 2 186 Euro – um diese Summe wachsen die öffentlichen Schulden pro Sekunde. Im Jahre 2004 hat der Schuldenberg die Höhe von 1,4 Billionen Euro überstiegen. Allein der Bund muss 2004 für seinen Schuldendienst mehr als hundert Millionen Euro aufbringen. Täglich. Das sind 43 Milliarden im Jahr. Da ist noch kein Euro getilgt. Der Hauptgrund für die Verschuldung ist also mittlerweile die Verschuldung. Hinzu kommen die 600 Milliarden Pensionsleistungen für das wachsende Heer von Beamten im Ruhestand. Kein Zweifel: Die Deutschen leisten sich mehr als sie leisten.

Nun sind die Schulden von heute die Steuern von morgen. Die Geburtenrate ist aber auf historischem Tiefstand. Diese Schere – wer soll die bewältigen? Unsere Kinder müssten etwa doppelt so hohe Steuer- und Abgabesätze tragen wie wir heute. Dennoch glauben wir weiter an »Vater« Staat. Wie würden Sie einen Familienvater bezeichnen, der jedes Jahr mehr Schulden auf Kosten seiner Kinder macht, jedes Jahr mehr Geld für seine persönlichen Hobbys ausgibt und seine Familie entweder gar nicht über die Haushaltssituation aufklärt oder viel zu spät oder dabei horrende Summen unterschlägt? Weiterhin halten wir an sozialstaatlichen Versprechungen fest, die niemand mehr wird einlösen können. Die Rente? Wir werden jedenfalls alle älter als die Rente. Das Gesundheitssystem – das immer noch so heißt, obwohl niemand mehr ein System erkennen kann – bietet völlig überteuert qualitatives Mittelmaß, das Schulsystem kaum mehr dies ... was die Eltern schulpflichtiger Kinder schon vor PISA ahnten.

Und die guten Nachrichten? Es gibt sie. Der Ausbildungsstand deutscher Facharbeiter; die Logistik in zentraler europäischer Mittellage; High-Tech aus Deutschland – das alles ist nach wie vor international Spitze. Allein in Baden-Württemberg werden mehr Werkzeugmaschinen gebaut als in den gesamten USA. Die Grundlagenforschung – nirgendwo in Europa werden so viele Patente angemeldet. Aber sie werden nicht in marktgängige Produkte umgesetzt; das machen andere besser und schneller. Teilweise beginnt man schon wieder, Deutschland schönzureden. Wir seien doch immer noch ein reiches Land, die Industrie funktioniere und die Exporte explodierten geradezu. Auch das ist richtig. Aber knapp die Hälfte dessen, was unter »Made in Germany« ins Ausland geht, wird wiederum aus dem Ausland importiert. Und so stehen die schönen Erfolge der deutschen Autoindustrie zwar in der Exportstatistik, aber reduzieren hierzulande nicht die Arbeitslosigkeit.

Davon sind etwa sechs Millionen Deutsche offen oder verdeckt betroffen. Fünf Millionen gelten praktisch als nicht mehr vermittelbar. Gleichzeitig bleiben 1,5 Millionen Stellen unbesetzt. Was ist das für ein Land, in dem man bis 67 arbeiten soll, aber mit 50 keinen Job mehr kriegt? Die alten Klassenkämpfer lässt das unbeirrt: »Wir haben ein Recht auf Arbeit – davon aber so wenig wie möglich!« Der Preis für Arbeit wird weiterhin willkürlich im Tarifkartell festgelegt – als wären wir eine Insel der Seligen in einem Meer der Globalisierung. Weshalb das Land (nach Norwegen) die höchsten Löhne hat. Zusammen mit den Lohnnebenkosten hat das diese Konsequenz: Legale Beschäftigung lohnt sich für viele Menschen nicht mehr. Deshalb ist die Schwarzarbeit auf Rekordniveau: Sie wächst viermal so schnell wie die legale Ökonomie. Mittlerweile erreicht sie ein Volumen von etwa 17 Prozent des Bruttoinlandsproduktes. Aber sie ist unersetzlich, weil sie die Massenarbeitslosigkeit erträglich macht.

Der wichtigste Punkt zur Kennzeichnung der deutschen Lage aber ist dieser: *In keinem europäischen Land ist der Anteil der Selbstständigen an allen Berufsgruppen niedriger.* Lieber schwarzarbeiten als selbstständig sein. Warum das so ist? Der Wille zur Selbstständigkeit ist uns systematisch aberzogen worden – durch eine lange Tradition der Herabsetzung des Unternehmertums und das vermeintliche Ideal eines »sicheren« Jobs, möglichst beim Arbeitgeber Staat. Vor allem aber wird das »riskante Leben« allgemein gering geschätzt: der Geist des Wagens, des Versuchens, des Selbstvertrauens auf dem Weg ins Ungewisse, mit den Möglichkeiten des großen Verlustes und des großen Gewinns. Auf wirtschaftliche Leistung nicht mit Neid, sondern mit Bewunderung zu schauen, es nicht wegnehmen und schmälern zu wollen, vielmehr sich davon anspornen zu lassen – das ist keine deutsche Tradition. Hierzulande erkämpft man nicht die Zukunft, sondern verteidigt die Vergangenheit; es fasziniert der Kuchen, der möglichst »gerecht« verteilt wird, nicht das Leben, das der Einzelne mit seiner Familie *selbstverantwortlich* führt. Deshalb fehlen uns im Vergleich zu anderen EU-Staaten nahezu eine Million Unternehmer. Deshalb liegt die Quote der Selbstständigen unter 10 Prozent, und damit weit unter dem Durchschnitt aller Industrieländer.

Sie glauben, das sei doch nicht so schlimm? Hören Sie nicht das Grollen aus der Ferne? Wahrscheinlich haben wir das Schlimmste noch vor uns. Wir werden es erleben: das Ende der Fiktion, es dürfe keine Verlierer geben. Der Staat hat in 50 Jahren Sonderkonjunktur die Menschen glauben gemacht, sie hätten einen Rechtsanspruch auf permanent steigenden Wohlstand gepaart mit einem dichtgewebten Sicherheitsnetz. Diese Zeit ist zu Ende.

Beileidspolitik

Entsprechend ist der seelische Zustand vieler Deutscher: Land unter! Unzufrieden, resigniert, ein depressiver Zirkel. Die Kurven, die die Stimmung im Land spiegeln, sind im freien Fall. Ganz benebelt wird man vom Selbstmitleid der Menschen, vergleicht man es mit der Vitalität, mit der in einigen anderen Ländern an der Zukunft gebaut wird. Die Klagerufe aus den Spalten der Leserbriefe machen es deutlich: auf »Zukunft« reimt sich dort »Ängste«. Ein verräterisches Wort. Es gibt die »Furcht«. Sie hat einen konkreten Anlass, etwas, das zu fürchten ist. Sie aktiviert, fordert zum Handeln heraus. Von ihr zu unterscheiden ist die »Angst«. Sie ist gegenstandslos, lähmt daher. Offenbar ein spezifisch deutsches Phänomen: »the german angst« schaffte es bis in den englischen

Wortschatz. Aber auch sie gab es bisher nur im Singular. Den Plural von Angst, den haben wir heute. Heute haben wir »Ängste«. Wohin man blickt: Abstiegsängste, Versagensängste, Zukunftsängste. Verantwortung übernehmen? Da fährt kein befreiter Atem in die Lungen, sondern der Schrecken in die Glieder. Dürfte man aus dem Zustand Deutschlands anthropologische Schlüsse ziehen, so müsste man den Menschen als Wesen definieren, das, solange es irgendwie geht, dem Erwachsenwerden ausweicht. Gegen den existenziellen Frost, der durch die aufgerissenen Fenster der Moderne in die Privatsphäre dringt, setzen die Deutschen auf einen ungewollten Treibhauseffekt: Jammern.

Deutschland ist ein Opferclub. Sein Wappentier: der Sündenbock. Seine Mentalität: Sentimentalität. Wehleidig, zukunftsängstlich und voller Anspruchsdenken. Schlechtwettergeld statt Abenteuerlust, im Zweifelsfall auf Nummer Sicher (eine Redensart, die übrigens aus dem Strafvollzug stammt).

Mit dem Eifer eines Trüffelhundes sucht man das Missliche. Das Motto: »Ich leide, also bin ich.« Gute Nachrichten sind der Quotenkiller. Was uns interessiert ist das Unglück. In Deutschland genügt es, sich Opfer zu nennen, um Recht zu haben. Versagen? Schicksal? Scheitern? Pech? Abgeschafft! Es gibt nur noch Risiko, gegen das uns »oben« schützen soll. Viele wollen zwar die Wohltaten der Freiheit genießen, aber den Preis dafür nicht bezahlen. Sie sind bis zum Äußersten auf ihre Unabhängigkeit bedacht, beanspruchen aber zugleich Hilfe und Bevorzugung. Die kleinen täglichen Pannen, Missgeschicke und Ungerechtigkeiten sind nicht mehr Teil des normalen Lebens, sondern Skandale. Sie begründen ein Recht auf Entschädigung. Erfolglosigkeit oder »Diskriminierung« sind Gründe für Wiedergutmachung, das heißt, sie berechtigen zu Dienstleistungen, die *andere* erbringen müssen. Die verbreitete Einstellung: »Wenn ich es will, dann benötige ich es. Wenn ich es benötige, dann habe ich ein Recht darauf. Wenn ich ein Recht darauf habe, dann schuldet es mir jemand. Wenn der es mir nicht gibt, werde ich es einklagen.«

Viele bemühen sich deshalb, diese dankbare Position zu bekleiden. In der Folge verfällt unsere Demokratie zusehends durch den Versuch immer kleinerer Gruppen, im Namen irgendeiner Benachteiligung sonderbehandelt zu werden. Verschiedene Opfergruppen organisieren sich, inszenieren ihr Leiden medienwirksam und rivalisieren um öffentliche Anerkennung ihres Opferseins. So ist der Ruhrgebietsbergbau Opfer billiger Kohle aus den USA oder Skandinavien, deutsche Software-Ingenieure sind Opfer indischer Konkurrenten, deutsche Bauarbeiter Opfer tschechischer Kollegen, deutsche Popmusik Opfer des englischen Einheitsbreis, deutsche Bauern Opfer ... habe ich vergessen.

Bei Föhn geboren? Arme Socke! Sternzeichen Steinbock? Hartes Leben! Ihr Partner hat Sie verlassen? Psychologische Betreuung! Ohne Vater aufgewachsen? Opfer des Matriarchats! Stressiger Job? Erschwerniszulage ab 12 Uhr mittags! Aus dem Markt gewirtschaftet? Der Staat wird's richten! Deutschland – Land einer aggressiven Larmoyanz. Hier hat man ein Handicap, wenn man kein Handicap hat. Jeder manövriert sich watthassewattkannze in die Unschuldsecke, redet sich auf besondere Umstände, auf »Sachzwänge« hinaus und will dafür Rabatt. Der begehrliche Blick richtet sich auf Entschädigungen, die gefordert, verhandelt und ausgezahlt werden. Aus dem Prinzip der mildernden Umstände ist in Deutschland das Prinzip der entschuldenden Umstände geworden.

Deutsche Politik ist deshalb Beileidspolitik. Garantiert die amerikanische Verfassung lediglich »pursuit of happiness«, das *Streben* nach Glück, wobei das Scheitern notwendig mitgedacht ist, so wird bei uns das Glück selbst als Recht erlebt; das mögliche Scheitern wird als unzumutbar zurückgewiesen. Das hat eine Haltung erzeugt, die alle Verantwortung von sich weist, immer auf den anderen zeigt, sich in der Opferrolle wohl fühlt und das Kollektiv belastet. Der Staat habe für das Wohlergehen zu sorgen, den Wohlstand zu sichern und die Zukunft zu gestalten. Unter seinen Fittichen haben es sich deshalb viele warm, nett und mittelmäßig eingerichtet. Gleichgültig, ob in Politik, Wirtschaft, Kunst oder Wissenschaft: Das entspannte Lächeln des Mittelmaßes verhilft offenbar eher zu Glück und Anerkennung als der Schweiß der Tüchtigen. Unser alter Ehrgeiz, ganz nach vorne zu wollen, ist weg. Zweiter Sieger zu sein, das gilt jetzt als in Ordnung. Wir haben vielfach unseren Biss verloren, wollen nicht mehr um jeden Preis erfolgreich sein. Es dominiert eine mild-resignative Zurückgelehntheit. Wie im Wunschkonzert wiegen wir uns in der Illusion, es gebe Genuss ohne Reue: schmerzlose Reformen.

Die Therapien

Die Strophen des Klageliedes »Deutschland am Abgrund« sind bekannt. Tausendmal gehört, tausendmal ist nichts passiert. Deutschland debattiert und blockiert. Zwar erscheint jeden Monat ein neues Buch, das Deutschland Reformen verordnet, und ebenso können wir auf eine stattliche Reihe von Initiativen zurückschauen: Kurt Biedenkopf zur Rentenfinanzierung, Fritz Scharpf zur Arbeitslosigkeit, Meinhard Miegel zur Demographie, Peter Glotz zur Bildungspolitik, Klaus von Dohnanyi zum Föderalismus. Aber in beinahe allem, was vorgeschlagen wird, erkennt man das unterschwellige Gehtjadochleidernicht. Viele Therapievorschläge klingen nach Reifenpanne, Wegumleitung. Vor allem das beliebte »Umsteuern«. Der Arbeitsmarkt soll dereguliert werden, Arbeitswelt und Sozialstaat entkoppelt, die Steuer reformiert, der schiefe Bildungsturm von PISA wieder aufgerichtet und viele Kinder geboren werden. Alles das ist wichtig, alles das mag helfen. Aber es trägt die blassen Farben des »Man kann den Leuten nicht so viel zumuten!«. Rituell fliegen die Mahnworte: Weimar dürfe sich nicht wiederholen; die Menschen würden sich politisch rächen, wenn man sie überfordere. Also Vorsicht! Harte Wahrheiten gibt es nur hinter vorgehaltener Hand; regiert wird per Reparaturkommission – »aufkommensneutral« natürlich. Man klammert sich echsenhaft an die Monstranz des Institutionellen. Alles Neue, alles Gewagte, alles Mutige wird als »sozialpolitischer Sprengstoff« etikettiert und in die unanständige Ecke gestellt. Ein deutscher Catenaccio – jeder will erstmal zu null spielen.

Offenbar fürchten wir *jede* Veränderung. Die unvollendeten Gesundheits-, Arbeitsmarkt-, Renten- und Steuerreformen werden von den gescheiterten ergänzt: Föderalismus-, Verwaltungs- und Bildungsreform. Egal, was vorgeschlagen wird, immer werden zuerst die Nachteile, die Risiken, die Probleme hochgehalten. Deshalb bleibt nach Ankündigung und Beratung zumeist nur ein Minimalkonsens übrig. Zu wenig, um Deutschland zu mobilisieren. Dem entspricht der Zustand der Politik: Konzeptionslose Symbolpolitik. Die berühmte »Ruck-Rede« Roman Herzogs – gab es je eine größere Diskrepanz zwischen Zustimmung und Folgenlosigkeit? Köhlers Minimalliberalsozialkonservativismus, das leere Überzeugungspathos und windige Mitläufertum der Parteistrategen – kann man ernsthaft von dort Heilung erwarten? Die wirklich wichtigen Probleme werden nicht gelöst, sondern vertagt. Alles soll so bleiben, wie es ist: überreguliert und freiheitsfeindlich, geradezu absurd staatsergeben.

Es gibt eine Vielzahl von Erklärungen, *warum* sich nichts bewegt, warum alle Seiten unflexibel in ihren ideologischen Wagenburgen verharren. Neid spielt eine Rolle. Warum soll ein Einzelner bereit sein, finanziell zur Ader gelassen zu werden, wenn andere sich mit Riesengehältern jenseits aller Leistungsmaßstäbe aus der Wertegemeinschaft der Zivilisierten hinauskatapultieren? Aber auch Angst. Mit der Kriegserfahrung gibt es historische Gründe für die mangelnde Risikobereitschaft der Deutschen.

Die Erklärung, die aber am häufigsten herangezogen wird: Wir – genauer, die Politik – hätten ein Kommunikationsproblem. Was etwa heißt: Wir Bürger sind alle ein bisschen begriffsstutzig.

Wenn wir jedoch ein Problem haben, dann ist es ein *Erkenntnis*-Problem. Wir denken nicht konsequent genug. Wir glauben noch immer, wenn man diese oder jene Reform durchzöge, würde sich alles wieder einrenken. Das ist frivol, illusionär oder beides. Der Kampf um den »Sozialstaat« wird nur deshalb so ideologisch scheuklappernd geführt, weil wir uns weigern, tiefer zu bohren und unter der Oberfläche unsere Mentalitäten anzuschauen. Wir würden dann erkennen: Die Denkgewohnheiten, Einstellungen und Gefühlslagen, die gelernt und uns eigen sind, blenden gewisse Erkenntnisse einfach aus. Was Botho Strauß über eine unbestimmte Menschengattung schreibt, hätte er über die Deutschen schreiben können:

»Ihnen ist gefesselt sein wichtiger als Freiheit. Es lässt sich nicht einmal das Nötigste verändern. Dazu müsste man Dutzende von Göttern stürzen. Dazu wiederum bedürfte es wohl einer Art sakralrevolutionärer Gewalt. Außerdem einer Verbreiterung von Elend, die wir bisher nicht kennen, sowie des Zusammenbruchs aller Vertuschungsversuche, welche die bereits eingetretene Not noch immer als ›Krise‹ bezeichnen.«

Dutzende von Göttern? Nein, es reicht, einen zu stürzen: den Staat.

Ein Land der Ideen, der Innovation und der Leistungsfreude bauen wir nur auf der Basis von Freiheit. Nicht mit Hilfe staatlicher Volkserziehung. Deshalb müssen wir raus aus der »formierten« Gesellschaft. Wir brauchen eine Denkrevolution, die tief in das Leben des Einzelnen hineinwirkt. Wir müssen uns die *Verschüttungen* ansehen. Wir müssen uns damit auseinander setzen, wie die Zuversicht, die Dinge aus eigener Kraft in den Griff zu bekommen, in Deutschland immer mehr geschwächt wurde, die Gewöhnung an staatliche Lenkung gleichzeitig gestärkt. Wir müssen uns ansehen, was fehlt: Ehrgeiz, die Kraft zum Neuanfangen, das Gefühl, selbst wirksam und kompetent zu sein. Und wie wir zulassen konnten, dass diese Fähigkeiten zerstört wurden.

Gesine Schwan und Horst Köhler waren sich während der Präsidentschaftskandidatur einig: Den Deutschen fehlt es an *Selbstvertrauen*! Durch alle ihre Reden zog sich der »Selbst«-Dreiklang:

Ohne Selbstvertrauen kein Selbstbewusstsein, ohne Selbstbewusstsein keine Selbstverantwortung. Und gerade letztere sei doch heute nötiger denn je! Wohl gesprochen. Allerdings kann man keine der drei Tugenden herbeireden, noch weniger dekretieren. Am allerwenigsten Selbstvertrauen. Es braucht eine Weile, um es aufzubauen, und auch eine ganze Weile, um es nachhaltig zu zerstören.

Genau das ist geschehen. Uns geht es schlecht, weil wir so ängstlich sind; und wir sind so ängstlich, weil wir uns daran gewöhnt haben, gelenkt zu werden. Wir haben uns selbst in den Graben manövriert. Was Frau Schwan und Herr Köhler nicht sehen (oder nicht sehen wollen), ist, daß das Selbstvertrauen der Bürger *täglich* geschwächt wird. Sie stellen nicht die Frage: *Warum* ist das Selbstvertrauen verloren gegangen?

Wir aber wollen genau dieser Frage im nächsten Kapitel nachgehen.

»Wir wissen, was für euch gut ist!« Das Zeughaus der Volkspädagogik

»Zutrauen veredelt den Menschen,
ewige Vormundschaft hemmt sein Reifen.«

Freiherr vom Stein

Wo Vertrauen fehlt, fehlt mehr als Vertrauen

»Die Wohlfahrt und Wettbewerbsfähigkeit einer Nation wird bestimmt von einem einzigen, durchdringenden kulturellen Merkmal: dem Maß an Vertrauen in der Gesellschaft.« So der Soziologe Francis Fukuyama. Für die Prosperität von Volkswirtschaften halten einige Ökonomen den »Vertrauenspegel« sogar für wichtiger als die natürlichen Ressourcen. Ohne Vertrauen geben die Menschen kein Geld aus, verlieren wir Partner, verlassen uns Kunden, explodieren die Kosten, werden Organisationen bürokratisch und langsam, lahmt die Wirtschaft. Schon Ludwig Erhard stellte fest: »Vertrauen ist die Hälfte der Wirtschaftspolitik.« Und Kenneth Arrow, der amerikanische Wirtschaftsnobelpreisträger, schrieb vor bald 30 Jahren: »Es kann plausibel erklärt werden, dass wirtschaftliche Rückständigkeit auf das Fehlen wechselseitigen Vertrauens zurückgeführt werden kann.« Wenn also das Vertrauen fehlt, fehlt mehr als nur Vertrauen.

Und wie steht es um das Vertrauen in Deutschland? Schlecht. »In Deutschland regiert das Misstrauen« – immer wieder kommen Umfragen und Trendforschungen zu diesem Ergebnis. Nach einer Umfrage unter 1 502 wahlberechtigten Bundesbürgern (2002) sagen 54 Prozent der Befragten, dass sie nichts und niemandem mehr vertrauen – weder den Parteien noch den Kirchen, weder den Unternehmen noch den Nachbarn, weder Institutionen noch den Menschen im Allgemeinen. An das, was Manager sagen, glauben nach einer GfK-Umfrage (2004) noch 18 Prozent aller Befragten. Nur noch gerade 6 Prozent der Deutschen glauben Politikern das, was sie versprechen – in Worten: sechs! Vor allem die Einstellung der unter Vierzigjährigen zu diesem Staat wird zunehmend distanzierter, ja zynischer. Das Vertrauen in das politische System ist in einem Maß gesunken, das in historischer Perspektive nur mit der Weimarer Republik verglichen werden kann. Und argwöhnisch schauen die einen auf die anderen: Kommen diese ihren Verpflichtungen nach? Nutzen sie Wohlfahrtseinrichtungen aus? Zahlen sie auch ihre Steuern? Leisten auch Reiche und Beamte ihren Beitrag?

Fatal: Denn vor allem liberale Demokratien sind in einem hohen Grad von wechselseitigem Vertrauen abhängig. Die Menschen müssen nämlich *freiwillig* kooperieren, ihre Arbeit gemeinsam verrichten.

Diese Erosion des Vertrauens ist besonders dramatisch in einem Land, dessen Bürger traditionell staatsgläubig sind – weit mehr, als es zum Beispiel US-Amerikanern in den Sinn käme. Die Deutschen glaubten etwa bis weit in die achtziger Jahre hinein, dass die Regierung das »richtige« Gesetz verabschieden werde, dass deutsche Institutionen funktionierten, der Staat – nicht die Bürger – das Gemeinwesen gegen innere Bedrohung zusammenhielten. Auf fast mythische Weise glaubten sie, dass der Staat es schon richten würde. Und auch heute noch hält man in Deutschland beharrlich an dem Glauben fest, der Staat könne Arbeitsplätze schaffen. Niemand kommt auf die Idee, dass wir als Bürger *selbst* etwas untereinander regeln, dass wir *eigene* kreative Lösungen aus dem Hut zaubern könnten. Das »imperiale Selbst« eines Ralph Waldo Emerson, für Deutsche ist das »Imperiale« Sache des Staates.

Nun ist Vertrauen ein zirkuläres Phänomen, das heißt, es baut sich zwischen Menschen kreisförmig auf. Das macht es schwierig, einen Anfang zu definieren, oder anders: Was Huhn und was Ei ist, das ist schwer festzustellen. Wie es denn auch immer im Einzelnen sei: Ein Mensch *startet* den Vertrauensprozess, indem er ein Stück Glauben und Zuversicht investiert, dass der andere ehrlich, verlässlich und wohlwollend ist. Wenn der andere das spürt und das Vertrauen bestätigt, fühlt der erste Vertrauensgeber sich ermutigt, weiter vertrauensvoll zu handeln. So entwickelt sich Vertrauen im Geben und Nehmen. Falls der andere das in ihn investierte Vertrauen aber enttäuscht, zieht sich der erste Vertrauensgeber zurück, und die Spirale des Misstrauens nimmt ihren Anfang. Genau das ist in Deutschland der Fall.

Denn: *Die Deutschen werden seit Jahrzehnten von Menschen regiert, die ihnen nicht vertrauen, nicht viel zutrauen und deshalb auch nichts zumuten.* Hier sind die verborgenen Kräfte, die machtvoll wirken. Wer nicht vertraut, kann nicht erwarten, im Gegenzug Vertrauen zu bekommen. Und wem misstraut wird, der wird langsam selbst das Vertrauen in sich selbst, in die eigene Initiative verlieren. Wer Misstrauen erlebt, glaubt nicht an eigene Lösungen und macht es sich bequem in der Hilflosigkeit.

Vor dem Hintergrund der NS-Zeit hat man den direkten Zugriff des »Volkes« auf die Gestaltung des Politischen in extremer Weise gefiltert. Mit zusammengekniffenen Augen schaute man auf jede auch noch so vorsichtige Form von »direkter« Demokratie. Das Direkte, das ist das Unberechenbare, das grundsätzlich Fehlerhafte. Nicht einmal die direkte Wahl der politisch schwachen Figur des Bundespräsidenten traut man dem vorgeblichen »Souverän« zu. Vor Volksabstimmungen sind riesige Hürden gebaut – und wenn Plebiszite vorgeschlagen werden, dann nur in Fragen, für die die Politik keine parlamentarische Mehrheit bekommt.

Schon Konrad Adenauer fürchtete den Rückfall der Deutschen in den Totalitarismus und betrieb mit Macht die Westintegration. Sein Enkel Kohl glaubte den Deutschen die Wahrheit hoher materieller Opfer für die deutsche Wiedervereinigung nicht zumuten zu können; er machte den Aufbau Ost gleich zur wohlfahrtsstaatlichen Ruhig-stell-Politik. Ob Notlüge oder Betrug – der damit verbundene Vertrauensverlust belastet den Vereinigungsprozess bis heute. Vertrauen in die Bürger wäre ebenso wichtig gewesen zu Beginn des Schröderschen Reformprozesses – in Form von Zumutungen und klaren, aufrichtigen und schonungslosen Begründungen, die Schwierigkeiten nicht ausblenden, aber die gemeinsame Augenhöhe suchen.

An Fenstern von deutschen Eisenbahnwaggons wird auf Englisch gebeten, sich nicht hinauszulehnen. Auf Italienisch weist man darauf hin, dass dies gefährlich sei. Auf Deutsch wird es verboten. In den USA gibt es die 4-Way-Stops: Man hält an der Einmündung der Kreuzung, schaut den anderen Wartenden in die Augen und fährt dann los, nach dem Motto »Wer zuerst stoppt, fährt zuerst wieder los«. In Deutschland gibt es Ampeln.

Die tatsächliche Existenz von einigen Sozialfällen bestätigt den Staat in seinem Misstrauen gegenüber *allen*. In anderen Ländern anerkennt man: *Einige* können ihr Leben nicht selbst regeln. In Deutschland glaubt man: *Alle* können es nicht. Die tatsächliche Existenz von einigen terroristischen Aktionen bestätigt den Staat in seinem Misstrauen gegenüber *allen*.

Unter dem Verdacht der Geldwäsche werden Finanzdaten in uferloser Menge gespeichert.

Und auch die tatsächliche Existenz von einigen Wirtschaftskriminellen bestätigt den Staat in seinem Misstrauen gegenüber *allen*. Was ihm zum Vorwand gilt, die Wirtschaft über Regelungen und Vorschriften immer mehr an die Kandare zu nehmen. Um 5 Prozent Kriminellen das Handwerk zu legen, werden 95 Prozent mit einem Misstrauensnetz überzogen. Und die 5 Prozent kriegt man sowieso nicht.

Oder man erinnere sich an die Diskussion um die Ausbildungsabgabe. Die Politik wischt sämtliche rationalen Gründe, warum so wenig ausgebildet wird, vom Tisch und zeigt der Wirtschaft die »Folterinstrumente«. Statt eines begründeten Urteils setzt sie blindes Misstrauen. Wichtig ist: Der Staat vertraut weder dem Bürger noch seinen eigenen Gütern und Dienstleistungen. Er vertraut nicht einmal dem »Angebot«, das er den Menschen macht, sonst würde er es ihnen zur Wahl stellen. Stattdessen zwingt er sie, es zu kaufen.

Bürger, zum Diktat!

Wo Vertrauen herrscht, kann vieles unreguliert bleiben. Unter dem Primat des Misstrauens aber ist alles bis ins kleinste Detail vorzuschreiben und festzulegen. Wenn man sich daraufhin Deutschland anschaut, überrascht die Feststellung nicht, dass es nichts gibt, was nicht geregelt wäre. Ein paar Zahlen gefällig? Nach Angaben des Bundesjustizministeriums gab es im Februar 2003 genau 2 066 Bundesgesetze mit 46 308 Einzelnormen. Hinzu kommen 3 051 Rechtsverordnungen mit 38 776 Einzelnormen. Mitte 2003 bestätigte die Bundesregierung, dass sie seit 1999 insgesamt 122 Gesetze und 178 Verordnungen *mehr* geschaffen als abgeschafft habe.

Dürfte sich also ein Politiker ein Volk wählen – er nähme die Deutschen. Schon der deutsche Dichterfürst Goethe duldete lieber Ungerechtigkeit als Unordnung. Deshalb darf sich der Staat mit all seinen Organen hier richtig austoben: In einem fort erlässt er Gesetze und Regeln, verfeinert die Rechts- und Verwaltungsordnung und zementiert seine zwangsstaatlichen Versorgungswerke.

Viele Eltern würden gerne in eigener Regie Betreuungsmöglichkeiten für ihre Kinder schaffen, aber der Staat baut davor riesige bürokratische Hürden: Hygiene und Sicherheit seien nicht gewährleistet. Die Schulen: »hoheitlich« gelenkt. Egal, ob Auswahl der Lehrer, Kauf eines Overhead-Projektors oder die Qualitätskontrolle des Unterrichts – zuständig ist die Schul-»Aufsicht«; der Schulleiter hat die Anweisungen von oben nur noch auszuführen. Das Hochschulrahmengesetz bevormundet die deutschen Universitäten wie es früher nur die Staatsbetriebe Post und Telefon kannten. Die einzelnen Hochschulen dürfen sich ihre Studenten nicht selbst aussuchen, die »Zentralstelle zur Vergabe von Studienplätzen« macht das – wie Gefängnisse müssen sie nehmen, wer ihnen zugewiesen wird. Deutschen Forschern wird mit kleinlichen Regelungen des »Nebenerwerbs« die Zusammenarbeit mit interessierten Unternehmen erschwert. Nicht einmal die geschriebene Sprache darf sich selbst ordnen. Nein, auch da zwingt uns die deutsche Sprachbürokratie ihr Regelwerk auf. Bei Verfehlung: Rotstift!

Nach der betrieblichen Unfallverhütungsvorschrift muss nicht der Fahrer eines Dienstwagens, sondern der Unternehmer selbst den Wagen »auf Sicht« kontrollieren. Sitzt das Lenkrad an der richtigen Stelle? Hat der Wagen Reifen? Das soll nicht der Fahrer selbst tun, das muss der Chef sichten, protokollieren, dokumentieren. Tut er es nicht, ist er bei einem Unfall dran. Und neben der Stanzmaschine muss griffbereit ein Hörschutz liegen. Das ist Vorschrift! Ihn zu tragen: keine Vorschrift. Aber auf die wird man wohl nicht lange warten müssen.

Noch ein Beispiel gefällig? In den »Organisationsrichtlinien für die Vorweihnachtszeit für Finanzämter« sind selbst die Figuren für Krippenspiele geregelt. Für Maria gilt: »möglichst weibliche, jungfräuliche Bedienstete«; für Esel und Schafe: »geeignete Vorgesetzte, möglichst verschiedener Laufbahnen«. Heissa! Sicherheitsvorschriften gibt es für nahezu alle Lebenslagen und juristische Formatierung auch noch der persönlichsten Bereiche. Sogar sterben dürfen wir in Deutschland nicht nach eigenem Willen, auch da mischen sich die Ideologen des guten Lebens ein. Über eine »Patientenverfügung« können sich Gerichte hinwegsetzen, selbst wenn sie bei vollem Bewusstsein und in »einwilligungsfähigem Zustand« verfasst wurde. Mag ein schwer geschädigter Schlaganfallpatient noch so oft darum bitten, nicht wiederbelebt zu werden, keine Chance: Sobald er das Bewusstsein verliert, tritt nach dem Willen der »Ethik-Kommission« des deutschen Bundestages der Notarzt in Aktion. Der Mensch, so die Begründung, sei verpflichtet, »natürlich zu sterben«. In Deutschland wird einem vorgeschrieben, wie viel Schmerzen man ertragen kann; hier muss man erst tot sein, um sterben zu dürfen. Der Staat baut einen Sarg, darin liegt der Bürger, obendrauf sitzt die Bürokratie. Weil viele gesellschaftliche Bereiche dem Spiel von Angebot und Nachfrage entzogen sind, muss eine monumentale Kontrollbürokratie aufgebaut werden. Formblätter, Listen, Vordrucke so weit das Auge reicht. Kaum ein Land der Welt hat sich derart mit Auflagen und Verordnungen selbst gefesselt. Laut einer Weltbank-Studie machen die meisten EU-Länder große Fortschritte beim Bürokratieabbau – sieben der zehn besten Reformstaaten sind EU-Mitglieder – Deutschland ist nicht dabei. Das Steuersystem ist nach dem *Report 2004* des »World Economic Forum« das ineffizienteste aller 104 untersuchten Länder, das Lohnfindungssystem ist so starr wie in fast keinem anderen Land. Die Studie *Economic Freedom in the World,* die seit Jahren die Freiheit der Arbeitsmärkte in 95 Ländern misst, verweist Deutschland 2003 auf Platz 94. Nur noch unterboten von Senegal.

Hierzulande werden die Dinge nicht durch Übereinkunft geregelt, sondern per Verdikt. Keine gesellschaftliche Gestaltungsaufgabe, die nicht mit einer Richtlinie erschlagen würde! Entsprechend wuchert das Papierwesen: Statt sich den Menschen zuzuwenden, füllen Ärzte, Lehrer und Altenpfleger zunehmend Formulare aus, die sich nur für quantitativ Messbares interessieren – denn nur das kann man *anordnen*, Qualität nicht. Die Prämisse: »Für Fehler werden wir nicht bestraft, nur fürs Nichtausfüllen.« Deutschland ist zur Genehmigungsrepublik geworden. Der Staat hat sich zwar militärisch entrüstet, ist aber als Vorschriftenstaat wieder auferstanden.

Und er ist zudringlicher denn je. Immer macht man alles zu Rechtsfragen und sehnt sich nach Regelungsklarheit, denn nichts fürchtet der Staat so sehr wie »rechtsfreie Räume«. Na, dann wollen wir die doch man geschwind füllen. Ralf Dahrendorf schrieb schon Anfang der sechziger Jahre: »Wo immer widersprüchliche Interessen in der deutschen Gesellschaft aufeinander prallen, besteht die Tendenz, autoritäre .... Lösung zu suchen.« Da sind wir weit gekommen: Deutschland leistet sich mit etwa 22 000 Richtern sechsmal mehr als Großbritannien.

Der heimliche Plan und die unheimlichen Planer

Deutschland ist ein unmodernes Land in einer modernen Welt geworden. Sein Betriebssystem war auf den alten Industriestaat mit seinen Normen und Standards ausgerichtet. Überlebt wie es ist, strickt es nun Ergänzungen, Verfeinerungen, Ausnahmen – bis es ein heilloses und unbrauchbares Durcheinander gibt und immer nur alte Antworten auf neue Fragen. Wer hier durchstarten will, kommt deshalb erstmal kaum aus den Startlöchern. Versuchen Sie mal, in Deutschland eine Firma aufzumachen! Es dauert 45 Tage. In Frankreich acht, in Dänemark vier, in Australien sogar nur zwei. Die Kosten, die einem Gründer dabei entstehen, sind hier zu Lande gut achtmal höher als in Schweden und 30-mal höher als in Neuseeland. Vor kurzem wurden zwei Gründer von Kindergärten für ihre unternehmerische Initiative ausgezeichnet. Es stellte sich heraus, dass ihr Hauptproblem weder die Kinder noch die Kosten waren, sondern die *staatliche Regelungsdichte.* Wie eingangs gesagt: Wir sind unser eigener Gegner. Unternehmerisches Handeln ist nicht mehr Kampf um Kunden; unternehmerisches Handeln ist *Kampf gegen die Bürokratie.*

Auch Europa ist vor allem das: eine Paragrafenfabrik. Bereits die Hälfte aller deutschen Gesetze geht auf Brüsseler Vorgaben zurück. Bei Regelungen, die die Wirtschaft betreffen, sind es 80 Prozent. Eine regulative Erdrosselung. Die europäische Blumenkohlverordnung umfasst 17 DIN-A-4-Seiten – das heißt, 17 Seiten Vorschrift, um diesen elenden Stinker zu pflanzen und zu ernten. Nicht zuletzt durch Brüssel ist der deutsche Michel in Wahrheit ein Gulliver – an allen Gliedern durch Bürokratenseile gebunden.

Deutsche Firmen zahlen für staatlich verordnete Verwaltungsarbeiten mehr als 40 Milliarden Euro jährlich. Das beziffern übereinstimmend verschiedene Forschungsinstitute. Den Mittelstand trifft es dabei besonders hart: In Unternehmen unter 100 Mitarbeitern beträgt der staatlich verordnete Aufwand jährlich 1 350 Euro pro Mitarbeiter. Im Ausland produzieren zu lassen ist mithin nicht nur eine Frage der Lohnstückkosten, sondern auch der Bürokratie. Wir sind so weit, dass die Leitungsebene der Unternehmen ständiger Beratung bedarf, ob und was sie rechtlich tun oder lassen kann. Die Compliance-Abteilung der Deutschen Bank hat nahezu 600 Mitarbeiter, zum Beispiel um das »Anlegerschutzverbesserungsgesetz« anzuwenden, mit dem die europäische »Marktmissbrauchsrichtlinie« umgesetzt werden soll.

Man muss nicht Verschwörungstheorien anhängen, um zu sehen, dass große Apparate einen ausgeprägten Machtwillen entwickeln; je größer der Apparat, desto größer der Beherrschungswille. Seit Parkinsons berühmten Studien sind wir genügend informiert über die Eigenlogik staatlicher Behörden: Sie sind »Selbstauslöser«, die sich eigenaktiv immer neue Regulierungen ausdenken, die wieder neue Sachbearbeiter erfordern, die sich wieder neue Regulierungen ausdenken. Und je kleiner die Regelungslücke, desto größer der Wunsch, diese auch noch zu schließen. Man verzweifelt förmlich unter dem verbleibenden »Restrisiko«. Das Nicht-Verregelte erscheint bei immer höherer Regelungsdichte immer gefährlicher. Und glücklicherweise finden sich immer wieder Einzelfälle, für die »klare Richtlinien« fehlen. Je mehr also neue Verordnungen in Kraft treten, desto lauter wird der Ruf nach weiteren Regeln.

Wir bewegen uns dadurch auf einen Zustand zu, in dem alles verboten ist, was nicht ausdrücklich erlaubt ist. Entsprechend wächst der öffentliche Schilderwald, nicht nur auf den Straßen, sondern überall – im Park, in Fußgängerzonen, im Bus oder auf dem Spielplatz. Keine »Frei«-Fläche, und sei sie noch so klein, die nicht Platz hätte für Dutzende von Hinweisschildern. Sie reglementieren, was betreten, ab welchem Alter der Ballspielplatz benutzt und wo der Kinderwagen geparkt werden darf. All das entspricht anscheinend dem deutschen Wesen: Ordnung ist hier nicht das halbe Leben, sondern das ganze. Egal, ob Rechtschreib-, Arbeitsmarkt- oder Bildungsreform – liberale Sphären stehen grundsätzlich unter Generalverdacht, dem das »Amt für öffentliche Ordnung« zu Leibe rückt. Planbar soll sie sein, die Welt, speziell die öffentliche. Dort trifft der Einzelne auf den *Anderen*, der womöglich – welch' Schrecken! – sich anders verhält, als man es selbst täte. Wie gut, dass es detaillierte Regeln gibt, die verhindern, dass einer aus der Reihe tanzt und barfuß quer über die Wiese läuft anstatt geradeaus auf dem planierten Weg. »Es darf gelacht werden!« – so ein Satz konnte nur in Deutschland erfunden werden. Und auch der »Urlaub« hat nicht zufällig dieselbe sprachliche Wurzel wie die »Erlaub-nis«.

Sprachschutt und Moralgeröll

»Wir wollen in diesem Lande Egoismus durch Moral ersetzen, Ansehen durch Rechtschaffenheit, Gewohnheiten durch Prinzipien, Zwang der Tradition durch die Herrschaft der Vernunft, die Verachtung des Unglücks durch die Verachtung des Lasters, die Frechheit durch das Selbstgefühl, die Eitelkeit durch die Seelengröße, die Geldgier durch Edelmut, die so genannte gute Gesellschaft durch gute Menschen.« Wer das schrieb? Robespierre, 1794, Französische Revolution. Er wollte den Menschen das Heil aufzwingen, *sein* Heil; er wollte ein bestimmtes kollektives Ergebnis herbeiführen; er hatte einen Plan zur gesellschaftlichen Umgestaltung – wenn nötig mit Hilfe der Guillotine.

Auch der heutige Staat will eine bessere Welt schaffen, eine, die seinen Idealen entspricht. Damit die Bürger sich gut in diese Welt einpassen können, muss er ihnen möglichst viele ihrer Entscheidungen abnehmen und sie auf allen Wegen so lenken, dass sie seinem Ideal folgen. In dem Maße, in dem der Staat seinen Einflussbereich ausdehnt, schränkt er den des Bürgers ein. Politik ist daher Entzug von Bürgersouveränität. Wo der Staat seine Bürger erziehen will, macht er sie zu unmündigen Kindern, die nicht wissen können, was gut für sie ist. Das geht heute so weit, dass die Politiker ihr volkspädagogisches Katheder bis in die Schlafzimmer stellen: Nichts scheint so unerträglich wie die Freiheit des anderen.

In der *Sprache* der Politik wird sichtbar, dass sie ihr Tun vor allem als *Erziehungs*aufgabe begreift. Für seinen Jom Kippur des guten Willens wählt der Staat eine Fülle mehr oder weniger freundlicher Umschreibungen: Da soll die Sparneigung der Deutschen »gebrochen« werden, die Kauflust »stimuliert«, ihr Unternehmerwille »aktiviert« werden. Der Bürger, das ungezogene Kind! Er tut einfach nicht, was gut für ihn ist. Niemandem scheint aufzufallen, dass es für ihn *Gründe* gibt, so zu handeln, wie er handelt – zum Beispiel *jetzt* kein Geld auszugeben. Beliebt ist auch das »Anreizen« (das klingt schon so reizend) und das »Gestalten«, natürlich »sozialverträglich«. Oder aber die »Reform«, die ja – wie das Wort schon sagt – »formen« will. Sprachlich verschwiegene Spuren der Macht.

In einem Land, in dem man mit militantem Pazifismus und Hochwasser-Hilfe Wahlen gewinnen kann, wird der Eingriff in die Freiheit der Bürger gerne auch mit *universalethischen Großzielen* geadelt. Beliebte Schmuckvokabeln sind »Wohlstand sichern« (wessen Wohlstand?) oder »Kulturauftrag wahrnehmen« (wer bestimmt, was Kultur ist?). Andere Wieselworte sind »Generationenvertrag«, »Kollektivgüter« sowie »externe Effekte«, die ein »Marktversagen« anzeigen, gegen das der Staat einzugreifen habe. Beihilfen werden begründet mit einem »öffentlichen Interesse« oder »horizontalen Zwecken«, die wohl irgendwie die gesamte Gesellschaft angehen. »Sozialer Frieden« heißt die Formel für Besitzstandswahrung, »Konsens« das Vetorecht gegen Entschiedenheit; »Berechenbarkeit« die rote Karte für Veränderungswillen.

Immer wieder gerne genommen wird auch das »Gemeinwohl«, um die eigenen Interessen schlicht zum allgemeinen Interesse zu erheben. Das »Gemeinwohl«, in historischer Perspektive einst eine Formel, die den Widerstand der Bürger *gegen den Staat* aktivierte, ist heute zum Kampfbegriff geworden, um – umgekehrt – den Bürgerwillen zu unterdrücken. Im Grundgesetz ist es sehr unscharf umrissen – woher weiß der Staat also, was es jeweils ist, das irgendwann dann allen gemeinsam ein »Wohl« wäre? Je weniger sich ein konkreter Inhalt ausmachen lässt, desto mehr »Gemeinwohl« wird aber als Knüppel-aus-dem-Sack des Bürgereinschüchterns eingesetzt. Ein Appetitzügler für Freiheitsfreunde. Dazu das einschlägige Zitat aus dem staatlichen Lehrplan: »Predige Selbstlosigkeit, ein Ideal, das kein Mensch je erreichen kann. Dann kommt der Mensch sich klein und schuldig vor – und lässt sich besser lenken.«

Die Spitze der Sprachzerstörung bildet der »Solidaritätszuschlag« – jene beschönigende Formel für die Zwangssteuer, die dem deutschen Osten auf die Beine helfen soll. Kann es »erzwungene« Solidarität geben? Niemals. Solidarität ist immer individuell und freiwillig; sonst ist sie leer. Sie gehört in die Familie, in den Nahbereich, dort ist sie unersetzlich. Was heute unter »Solidarität« verkauft wird, ist nichts anderes als Gruppenegoismus – positiv ummäntelt und nötigend präsentiert. Aber es folgt einem weiteren Leitsatz aus dem volkspädagogischen Lehrplan: »Führe ›zeitlich befristete‹ Steuern ein, um die Notlage zu überwinden, und sorge dann dafür, dass die Notlage andauert.« Deutlich wird das Wesen einer Politik, die die *Gesellschaft* nach dem Modell der *Familie* lenken will, die »große Welt« den Regeln der »kleinen Welt« unterwirft. Mit, wie wir noch sehen werden, desaströsen Folgen.

Besonders leicht fließt den Politikern auch die »Gerechtigkeit« von den Lippen, vor allem in der wunderbaren Ergänzung mit »sozial« – eben als »soziale Gerechtigkeit«. In dem Maße, in dem Wettbewerb immer »ruinös« ist, ist die Gerechtigkeit offenbar immer »sozial«. Das macht sofort unangreifbar, das Gehirn schaltet ab: »Gerecht« ist den Menschen heilig, obwohl niemand so genau weiß, was darunter zu verstehen ist; »sozial« gefällt wegen der fürsorglichen Wärme. So beliebt ist dieses politische Versatzstück, dass die Sozialtransferquote von 34 Prozent des Inlandsproduktes heute doppelt so hoch ist wie zu Beginn der Republik. Jene, die offenbar mehr haben, als sie zum Leben brauchen, müssen jenen etwas geben, die offenbar mehr brauchen, als es ihre Leistungsfähigkeit erlaubt. Gerade Politiker verachten gerne alles Geld, das ihnen nicht selbst gehört. Warum aber muß man die soziale von der allgemeinen Gerechtigkeit unterscheiden? Gibt es etwa eine andere Gerechtigkeit als die »soziale«? Mir selbst gegenüber muss ich mich doch nicht »gerecht« verhalten! Alles nur Politik-Blabla?

Keineswegs, so der Einspruch. Man wolle doch nur den Ärmsten helfen, und wer, wenn nicht der Staat, solle das tun? Dagegen ist nichts einzuwenden, ganz und gar nicht. Aber wer sich die Geldströme ansieht, stellt fest: 80 Prozent der Gelder werden im Bereich der gut verdienenden Mittelschichten umverteilt. Deren Taschen werden lautstark rechts gefüllt und leise links geleert. Warum die Mittelschichten? Hier werden Wahlen gewonnen, hier werden Drogen verteilt. Von Bismarck stammt der Satz, dass es ihm mit den Sozialgesetzen darum gegangen sei, die »arbeitenden Klassen zu bestechen« – eine Aussage ohne Verfallsdatum. Deshalb beziehen gegenwärtig 35 Millionen Bundesbürger soziale Leistungen. 35 Millionen Hilfsbedürftige oder sonst wie Benachteiligte in Deutschland!? Weil offenbar jeder meint, irgendwelche Sozialkassen beanspruchen zu können, fehlt das Geld am Ende für jene, die sich *wirklich nicht* selbst helfen können.

Das sprachliche Kreuz-Ass des Lenkungswillens aber heißt »Fördern«. Wenn man Deutschland schlaglichtartig kennzeichnen wollte, dann als »Land der Förderprogramme«. Es wird gefördert, dass sich die Balken biegen. Die Innenstädte, die Außenbezirke, die angehenden Azubis, die abgehenden Azubis, die Hochbegabten, die Minderbegabten, die jungen Wissenschaftler, die älteren Arbeitslosen, die Literatur, die Wirtschaft, die Kunst, der Sport, der Osten, der Westen .... wer wollte sich dem Zauberverb »fördern« verweigern? Wo es doch so freundlich und zukunftsschwanger daherkommt. Der Staat als edler Spender, der generös die Taschen öffnet und überall Wohlbefinden sät.

Förderungswürdig ist sowohl das Neue, weil es neu, ein »zartes Pflänzchen« ist und somit noch nicht stark genug, um von alleine zu wachsen; aber auch das Alte, weil es alt ist, die Tradition wahrt und vom Neuen bedrängt wird. Bekannt ist zum Beispiel, dass jede Theaterkarte mit einem Mehrfachen des Eintrittspreises bezuschusst wird. Aber wussten Sie auch, dass von jeder Kinokarte, die Sie lösen, 15 Prozent an die »Deutsche Filmförderung« gehen? Dort sitzen offenbar kluge Menschen, die mit Geld Filme fördern, die offenbar niemand sehen will (sonst müsste man sie nicht fördern). Energisch gefördert wird auch die alte Energie, vor allem die Kohle, gleichzeitig aber auch die neue Energie – also Solarzellen aufs Dach und Windmühlen auf die Flure. Und da die windstarken Standorte längst verbaut sind, muss man in die Höhe hinaus. Früher etwa 40 Meter, heute bis zu 140 Meter strecken diese Riesen ihre Rotorblätter in den Himmel. Und fördern so die landschaftliche Schönheit. Und be-fördern einige Politiker zu Kreuzrittern der Ökomoral.

Im Schutz des Schutzes

Die Lenkungsseligkeit ist am seligsten, wenn sie sich über etwas *Schützenswertes* verbreiten darf. Wo man »Schutz« im Sinn hat, wird man zum edlen Retter, hat man das Gute auf seiner Seite. Wer wollte sich der schützenden Umarmung entziehen oder es gar wagen, dem Helden in den Arm zu fallen? Ein besseres Schutzschild als das »Schützen« gibt es nicht. Kaum fällt beispielsweise das Wort »Umweltschutz«, sofort schlagen alle die Hacken zusammen. Und stracks ergießt sich eine Flut von Vorschriften zum »Erhalt der Artenvielfalt« mit durchgreifenden Vetorechten.

Oder »Jugendschutz« – das klingt schon so unwidersprechlich, dass man sich gewissermaßen aus der Solidargemeinschaft der Sittsamen verabschiedet, würde man dagegen die Stimme erheben. Deshalb erhofft sich die Regierung auch den klammheimlichen Zuspruch besorgter Eltern bei der Strafsteuer auf alkoholhaltige Mixgetränke, so genannte Alcopops. Auf die Spätwirkungen will ich später eingehen, aber wundern Sie sich nicht, wenn demnächst fette Pommes oder Schokoriegel auf der Anklagebank sitzen. Wohin soll das führen? Zu Viagra im Leitungswasser? Oder zu Fernsehern, die man nur joggend auf dem Heimtrainer anwerfen kann?

Egal, ob Umwelt, Jugend, Tiere – wir Deutschen haben eine tiefe Zuneigung zu allem und jedem, dem es gelingt, sich als schützenswert oder benachteiligt auszuweisen. Alte, Junge, Behinderte, Kranke, Frauen, Minderheiten aller Art. Auch die Wirtschaft bekommt einen Schutz nach dem anderen hereingereicht. Insbesondere deutsche Arbeitsplätze müsse man schützen, das sei ein moralisches Gebot. Ist ein Arbeitsplatz in Deutschland moralischer als einer in Tschechien? Im Gesetz gegen Alkohol- und Tabakwerbung bis zum öffentlichen Rauchverbot, in der Anschnall- und Helmtragepflicht – überall dort erscheint der Bürger als hilfloses Wesen, das vor allem vor sich selbst geschützt werden muss. Auch Frauen werden für den Gesetzgeber nie erwachsen; man muss sie permanent behüten und »gleichstellen«. Und da ich dummerweise ein Mann bin, also irgendwie nicht zu den schützenswerten Spezies gehöre, so bin ich doch glücklicherweise ein »Verbraucher«, denn auch den muss man schützen; dafür gibt es sogar einen Ministerposten. Man hat mich zwar nicht gefragt, aber man will mich unbedingt vor den Unwägbarkeiten springender Maisgene bewahren; ebenso will man Singvögel vor Windmühlenblättern retten, die Chinesen vor explodierenden Kernkraftwerken (die aber in Deutschland laufen) und dicke Kinder vor der McHamburger-Mafia. Finden Sie nicht auch, dass das Leben lebensgefährlich ist? Wie wäre es mit einem staatlich verordneten Aufdruck des Bundesarbeitsministers auf die Lohntüte: »Arbeit gefährdet Ihre Gesundheit!«?

Beim Blick in die Zeitungen kann einem schon angst und bange werden, mit welcher Selbstverständlichkeit die staatlichen Lebensflugbegleiter in der Privatsphäre der Bürger herumpfuschen. Überall wird der Bürger fürsorglich belagert, überall wird er gewarnt, aufgeklärt, werden Millionenprogramme für »Prävention« aufgesetzt, werden Kampagnen gestartet für Elternkurse und gegen Fettleibigkeit, wird mir im Frühherbst ministeriell zur Grippeimpfung geraten und im Frühsommer zur Sonnencreme. Da soll dem Alkoholgenuss und dem Tabakgenuss »der Kampf angesagt werden«. In ganz Europa! Nein, nicht den »Genuss« will man bekämpfen, aber den »Missbrauch« – was das ist, entscheidet der Staat mit ayatollahhafter Attitüde. Alles, was Spaß macht, ist offenbar verdächtig. Für Brüsseler Bürokraten sind wir Verbraucher ohnehin tumbe Idioten, die vor den Verführungen der Lebensmittelindustrie gerettet werden müssten. Deshalb bauen sie eine eigene Werbebürokratie auf und erlassen als erste Großtat eine dreiseitige »Regelung über das Zulassungsverfahren von Werbesprüchen« (Nr. 424, 2003). Demnächst darf Haribo deshalb auch keine Kinder mehr froh machen und Red Bull keine Flügel mehr verleihen. Kartoffeln dürfen auch nicht mehr aus kontrolliertem Anbau verkauft werden; haben Sie schon mal unkontrolliert angebaute Kartoffeln gesehen? Es bestünde ja die Gefahr, wir könnten die Werbesprüche für bare Münze nehmen. Bewahre! Also werden wir gleich davor »geschützt«. Bare Münze kostet allerdings die Brüsseler Werbeverhinderungsbürokratie. Besser wäre es, uns Verbraucher vor den Verbraucherschützern zu schützen. Noch ist den staatlichen Gesundheitssheriffs nämlich nicht bekannt, dass auf Computertastaturen und Telefonhörern 400-mal mehr Mikroben sitzen als auf Klobrillen. Bald hätten wir Aufkleber »E-Mail-Schreiben erhöht die Infektionsgefahr«. Dürften Schwangere noch telefonieren?

Aber man muss natürlich nicht nur die guten Menschen vor der bösen Wirtschaft schützen; man muss auch die gute Wirtschaft vor den bösen Menschen schützen. So konnten Verlage und Buchhandel gerade jüngst wieder triumphieren. Abermals haben sie die Buchpreisbindung erfolgreich verteidigt (was mich als Autor natürlich freut). Mehr noch, sie haben den staatlichen Eingriff ins Marktgeschehen zu neuen Blüten getrieben. Sogar Privatleute, die über das Internet Bücher versteigern, müssen sich an die vorgeschriebenen Ladenpreise halten. Das Preisdiktat, so wird argumentiert, solle literarische Vielfalt sichern, die ohne diesen Schutz nicht zu gewährleisten wäre. Das klingt ehrenwert. Aber hinter der moralischen Maske geht es um nichts anderes als Marktmacht. Faktisch geht es um Profit – zu Lasten der Konsumenten.

Und auch die Plattenindustrie möchte gerne geschützt werden – natürlich im Namen der »Qualität« oder des »Kulturauftrags«. Einig ist sie sich mit dem »Bundestagsausschuss« und der »Enquete-Kommission« zur Kultur, dass man das Hören von Popmusik nicht einfach den Hörern überlassen dürfe. Sie fordern deshalb von den »öffentlich-rechtlichen« Rundfunkanstalten eine 50-Prozent-Quote für »neue Künstler«, und davon noch einmal die Hälfte für die deutschsprachigen. Ein Programm wird also nicht hörenswert durch Hörerwünsche, die sich in Einschaltquoten niederschlagen, sondern durch Industrieinteressen kombiniert mit staatlichem Eingriff. Was waren das für Zeiten, als deutsche Popsongs verknöcherten Behörden noch Angst einjagten!

Eine Gesellschaft, die vor den Risiken der Freiheit zurückschreckt, läuft das viel größere Risiko: zurückzufallen gegenüber den mutigeren, freiheitlicheren Gesellschaften. Besonders gefährlich wird es, wenn man den mangelnden Mut, Neues auszuprobieren, zum moralischen Verdienst verklärt, wenn man das Zögern, Festhalten und Zerreden als »sozial« und »balanciert« ausgibt, wenn man nicht nüchtern Vor- und Nachteile abwägt, sondern zunächst eine moralisierende Schutzmauer errichtet, die das zarte Pflänzchen des Neuen drohend überragt. Und dann den Bürger nicht selbst entscheiden lässt, sondern über Ge- und Verbote moralisch »sichert«. Dann wird eine Gesellschaft zur Gesinnungsdiktatur.

Lenkung statt Freiheit

Mit der modernen Demokratie entstanden Institutionen, die das Leben der Bürger schützen sollten. Aber sollten sie auch steuern? Michel Foucault hat gezeigt, dass erst die Moderne die »Regulierung« des Lebens auf die Agenda gesetzt hat. Erst die Staatsauffassung des 19. Jahrhunderts hat Techniken der Lenkung entwickelt, die gewissermaßen das Gegengewicht zur Freiheit bildeten. Der Bereich des Regierens wurde ausgeweitet auf die Zone der individuellen Lebensführung. Foucault hat dafür den Begriff »Gouvernementalität« geprägt: Er erklärt damit, wie Menschen über Menschen regieren und wie sie dazu gebracht werden, sich selbst zu regieren. Er zeigt die Strategien, Taktiken und Kunstgriffe, von denen Behörden Gebrauch machen, um die Individuen an einem zuvor definierten Soll auszurichten. Warum tun das Behörden? Um auf diese Weise das allgemeine Wohl zu sichern und Übel fern zu halten, so lautet die Antwort. Können das die Menschen nicht eigenverantwortlich? Nein. So wie Eltern das Kind nicht einfach »sein lassen« können, so will auch der Staat seine »Kinder« permanent verbessern. Denn von alleine *können* sie nicht oder *wollen* sie nicht. Können nicht – da heißt die Antwort: *Helfen.* Darüber haben wir zuvor gesprochen. Wollen nicht – da heißen die Antworten: *Zwingen oder Verführen.* Darüber sprechen wir jetzt.

Der Zwang

Kinderkriegen ist kein Problem, aber über die Altersvorsorge können wir nicht selbst entscheiden, dazu werden wir gezwungen. Der Arbeitsmarkt ist schon lange kein »Markt« mehr, sondern ein dirigistischer Exzess; hier sind nur noch graduelle Unterschiede zur sozialistischen Planwirtschaft zu erkennen. Die Fahrschulen oder die Schornsteinfeger mit ihren staatlich geschützten Monopolen –

wir werden gezwungen, ihre Dienstleistungen zu kaufen. Der Student zahlt Zwangsbeiträge für oktroyierte »Vertreter«. Unternehmen werden in die IHK gezwungen oder in die Handwerkskammer oder in den Flächentarif. Und wer das Schutzspiel nicht mitspielen will, ist selber schuld: Nicht tarifgebundene Unternehmen werden bei der Vergabe öffentlicher Aufträge kurzerhand nicht berücksichtigt.

Auch unsere Gesundheit ist keineswegs unsere private Angelegenheit, sondern Zielscheibe staatlicher Dauerintervention. Im Straßenverkehr erlässt ein anonymer Behördenabsolutismus unsinnige Ge- und Verbote. Deutschland, das Land der Radarfallen; da kann die Zahl der Verkehrstoten noch so sehr auf einem historischen Tiefstand sein und die Zahl der Haushaltsunfälle mehrfach höher. Nicht nur, dass die Entmündigungselektronik neuer Automodelle mir nach 35 Jahren Fahrpraxis offenbar erste Fahrstunden geben will, der Display-Pädagoge im Armaturenbrett zwingt mich auch zum Anschnallen. Arbeitgeber werden gezwungen, rauchfreie Arbeitsplätze zu stellen. Machen die zwar auch freiwillig, aber »zwingen« lässt den edelmütig kämpfenden Staat beherzter erscheinen. Arbeitnehmer werden gezwungen, einen Teil ihrer Einkünfte nicht in Form von Geld zu empfangen, sondern in Form von Sozialversicherungen – dabei wird ihnen vorgegaukelt, der so genannte »Arbeitgeber-Beitrag« sei ein Bonus zusätzlich zum Lohn. Alle Beiträge zur Sozialversicherung speisen sich aber aus dem Geld, das der Arbeitnehmer erarbeitet hat. Er darf es nur nicht mit nach Hause nehmen und frei darüber verfügen, sondern muß es als staatlich festgesetzten »Naturallohn« akzeptieren.

Ladenöffnungszeiten? Ein leidiges Thema. Warum sie nicht freigegeben werden, ist ohne Fundamentalismus nicht mehr zu begründen. Wir zwingen Kinder in Schulen und Betreuungseinrichtungen. Gebühren sind fällig für den so genannten »öffentlich-rechtlichen« Rundfunk, einerlei, ob wir dessen Angebot nutzen. Auch da werden wir GEZwungen. Wir zwingen Menschen, zu einem bestimmten Zeitpunkt in Rente zu gehen, obwohl einige von ihnen sich noch gerne viel länger in ihrer Erwerbstätigkeit verwirklichen würden. Zwang, wohin man blickt. Täglich wächst der Entmündigungskoeffizient, für alle Fragen findet sich eine autoritative Antwort.

Lassen Sie mich eine Passage aus dem letzten Koalitionsvertrag zitieren: »Bund und Länder werden sich umgehend über Wege und Ziele frühkindlicher Bildung verständigen und für Deutschland allgemein verbindliche Bildungsziele aufstellen.« Das ist DDR-Denken. Über das schulische Bildungsmonopol hinaus greift nun der Staat auch nach der Erziehung *nicht* schulpflichtiger Kinder. Wo bleibt der Aufschrei der Eltern? Er wird sozialheuchlerisch erstickt: Man nimmt den Eltern die »Belastung« durch Kinder ab, »kostenlos« natürlich, und beansprucht dafür aber das Recht, die Kinder nach »allgemein verbindlichen Bildungszielen« einzunorden.

Die Verführung

Aber der Zwang ist nur die grobe Steuerungsmöglichkeit, die Ultima Ratio. Er hat immerhin den Vorteil der Gleichbehandlung und der Klarheit. Viel lieber wendet der Staat die mildere Form der Volkspädagogik an: die *Verführung* des Bürgers. Und um dies erfolgreich zu tun, bieten sich vier Möglichkeiten und vielfältige Mischformen an:

1. appellieren,
2. mit Gebühren lenken,
3. Subventionen verteilen,
4. steuerliche Anreize schaffen.

Appell an die Vernunft der Bürger

Auf der Beliebtheitsskala weit oben rangieren die *Appelle*. Sie zeigen den Appellierenden auf der Höhe des Zeitgeistes und kosten nichts. Die Änderungsrichtung ist klar: Der Bürger soll sich ändern, denn er ist irgendwie defizitär. Was immer das sein mag: zu fortschrittsfeindlich, zu unkreativ, er konsumiert zu wenig oder das Falsche. Der Bürger wird angehalten, zu seinem und zum Wohle der Allgemeinheit auf das Rauchen, das Autofahren, auf fettes Essen und übermäßigen Alkoholgenuss zu verzichten, den Müll zu trennen (der dann von der Abfallindustrie wieder zusammengeschüttet wird) und die Wasserspülung sparsam zu benutzen. Dem Staat reicht offenbar die »Rechtsgemeinschaft« nicht mehr – er will eine »Wertegemeinschaft«, einen Gesinnungsverein.

Dabei glaubt der Staat nicht nur zu wissen, was *heute* für die Bürger gut ist; er glaubt auch zu wissen, was *morgen* für die Bürger gut sein wird. Er verfügt über intime Kenntnisse, was zukünftigen Menschen wichtig ist, wie sie leben wollen, was sie können und was sie nicht können. Vor allem naturtrübe Kreise besitzen privilegierte Einsicht in das kosmische Getriebe, während das Gros der Menschen träge vor sich hin dümpelt. Deshalb müssen sie die ahnungslosen Massen aufrütteln und ihnen den drohenden Weltuntergang vor Augen führen. Die Gegenwart wird unter dem Namen der »Nachhaltigkeit« einfach linear nach vorne geklappt. Und keiner fragt, ob das wirklich zulässig ist.

Können wir wirklich wissen, wie sich die weltweiten Ökosysteme entwickeln werden? Unterschätzen wir nicht die dynamische Natur menschlicher Bedürfnisse sowie die Kreativität zukünftiger Generationen? Wir haben uns doch auch an die Umstände angepasst, die wir vorfanden. In den siebziger Jahren fürchteten wir uns beispielsweise vor einer »Bevölkerungsexplosion«; heute beklagen wir das Gegenteil: Alarm, die Deutschen schrumpfen! Können wir wissen, ob künftige Generationen das brauchen, was wir »sparen«? Hätten die Menschen des 17. Jahrhunderts für uns vielleicht Kerzenwachs gespart? Nicht, dass es uns nicht gefreut hätte. Aber geht es uns mit der Glühbirne nicht besser? Gemessen an seriösen wissenschaftlichen Begründungsstandards ist »Nachhaltigkeit« jedenfalls bis heute kaum mehr als eine sympathische Idee.

Sie will aber vor allem dieses: einschüchtern, disziplinieren, den heute lebenden Bürgern Geld abknöpfen.

Auf so etwas wie Dosenpfand konnten ohnehin nur Flaschen kommen. Das ist mittlerweile allseits bekannt. Wobei jene, die für nachhaltigen Unfug wie zum Beispiel Biodiesel sorgen, die uns sagen, wie oft wir in Urlaub fahren und wie lange wir duschen dürfen, keine Mühe haben, aus lauter Verantwortung für die Nachwelt den naturschädlichen und unwirtschaftlichen Verbrauch fossiler Energien zu subventionieren. Sie haben auch keine Mühe, zukünftigen Generationen einen gewaltigen Schuldenberg zu hinterlassen, der nach allem volkswirtschaftlichen Ermessen niemals auf seriöse Weise abgetragen werden kann. Die »Nachhaltigkeit« wird im *ökologischen* Sinne also gerne genutzt; im Bereich der *Verschuldung* kann man sie offenbar vernachlässigen. Soweit wir aber heute sehen können, liegen die wirklichen Zukunftsprobleme genau anders herum.

Die Erziehung des »neuen Menschen« schreitet also voran. Kaum ein Lebensbereich ist dabei tabu. Tote Hose im Bett? Schlecht für die Rentenkassen! Das lässt die Politik nicht ruhen. Man stelle sich vor: Frau Merkel liest nach den *Tagesthemen* noch eine Viertelstunde aus dem Kamasutra. Allen Ernstes appellieren zwei Unionsabgeordnete in der *Bild*-Zeitung an deutsche Männer, »mehr Mut zum Sex mit Folgen« zu haben. Da stellt sich die Frage: Warum nur an Männer? Zweifellos jedoch eine Steigerung gegenüber der »Lufthoheit über deutschen Kinderbetten«, um die vor gar nicht langer Zeit die SPD kämpfte.

Da schaltet das Bundesministerium für Bildung großformatige Anzeigen in einschlägigen Wochenzeitungen und plakatiert bundesweit Werbeflächen – die Botschaft: pro Ganztagsschulen. Wohl gemerkt, was da wirbt ist nicht irgendeine politische Partei, die ja laut Grundgesetz an der politischen Meinungsbildung »mitwirken« soll, die Bundesregierung selbst stellt sich gleichsam regierungsamtlich hinter das Konzept der Ganztagsschule. Die Regierung tritt hier als »Partei« auf, lässt die neutrale Maske fallen und greift in die Meinungsbildung der Bürger ein. Sie nutzt ihren ungehinderten Zugang zu Finanzmitteln – nicht um Schulen zu bauen, sondern mich von der Ganztagsschule zu *überzeugen*. Als Steuerzahler finanziere ich hier also meine eigene Missionierung, zahle dafür, mich zu einem pädagogisch höchst umstrittenen Konzept bekehren zu lassen. Um Kinder und Jugendliche nun ganztägig staatlich zu formen? Sicher aber, um weltanschauliche Vorlieben regierungsamtlich zu beglaubigen. Aber müsste eine Regierung dann werben?

Am Beispiel der Zigaretten kann man sehen, wie der Appell zum Diktat wird und der Lenkungswahn totalitäre Züge bekommt. Dem Staat geht es nämlich nicht um das *Glück* der Bürger, es geht ihm um die *Gesundheit* (vom Geld sprechen wir später). Deshalb prangen jetzt auf Zigarettenschachteln europaweit Mitteilungen mit unerhörtem Neuigkeitswert, nämlich dass Rauchen schädlich sei. Sogar mit Todesdrohungen will man uns vor uns selber schützen, demnächst mit Schockbildern von Lungenschatten, Kehlkopfwucherungen und verklumpten Spermien. Das ist nicht mal mehr eine Zigarettenlänge entfernt von der Gesundheitsdiktatur. Das ist es nämlich, was hinter der Fürsorge steckt: politischer Herrschaftsanspruch und volkspädagogisches Eifertum. Das Leben der Bürger muss doch endlich in den Griff zu kriegen sein! Um jeden Verdacht auszuräumen, ich spräche hier pro domo: Ich bin Nichtraucher. Und ich schätze es sehr, wenn meine Atemluft *nicht* verpestet wird. Aber dafür kann ich selber sorgen. Und außerdem entscheidet der Eigentümer eines Hauses, ob geraucht werden darf oder nicht. Jeder soll selbst wählen, ob er sich früher oder später umbringt. Wenn man aber die Menschen durch Warnhinweise retten will, dann muss man konsequent sein. Dann darf man bei Zigarettenschachteln nicht aufhören. Man muss vor allem die Menschen selbst beschriften. Dazu empfiehlt sich eine Ganzkörperbeschriftung. Oder etwas anderes Großformatiges. Und zwar *aller* Menschen. Gegebenenfalls könnte man noch nach Gefahrenklassen sortieren: Raucher ein Stern, trinkende Raucher zwei Sterne, trinkende und kinderlose Raucher drei Sterne.

Was aber, wenn auch der dringendste Appell nicht fruchtet? Dann zeigt man den Bürgern die »Folterinstrumente«, dann geht man zurück zum Zwang. Etwa im Sinne des bayrischen Gesundheitsministers Eberhard Sinner (CSU) am 03.08.2003: »Mein Ziel ist eine möglichst rauchfreie Gesellschaft. Davon möchte ich die Menschen überzeugen. Wenn Überzeugungsarbeit nicht ausreicht, muss man über geeignete Verbote nachdenken.« In Ordnung, und wenn meine Überzeugungsarbeit nicht ausreicht – sollte man dann über geeignete Verbote von politischen Putzteufeln nachdenken?

Der Staat meine es ja nur gut! Das mag sein. Aber was gut für mich ist, möchte ich gerne selbst entscheiden.

Das Füllhorn des Staates – Subventionen

Die Marktwirtschaft lebt von Versuch und Irrtum. Das nennt man »unternehmerisches Risiko«. Dieses umschließt die Möglichkeit, dass die Geschäftsidee nicht aufgeht. Der Markt, das ist aber aus Sicht des Staates etwas, was vornehmlich »versagt«. Deshalb sprechen die Politiker besonders gern vom »Marktversagen«. Das schickt ihnen nämlich eine Dauereinladung zur öffentlichkeitswirksamen Aktion. Nichts sichert den eigenen Arbeitsplatz so wie ein ordentliches Marktversagen! Es liegt ja auch auf der Hand: Von den Politikern verdient niemand sein Geld am Markt. Sie alle leben von Steuern, das heißt von Zwangsabgaben. Im Grunde will man, dass über der unsichtbaren Hand des Marktes die sichtbare Faust des Staates schwebt. Etwa: »Wir können nicht alles den freien Kräften des Marktes überlassen.« Oder: »Wir müssen den Primat der Politik durchsetzen.« Oder der entlarvende Satz Franz Münteferings: »Der Staat muss seine Beweglichkeit erhalten.« In diesen Sätzen wird genau das deutlich, was Politiker fürchten: Entmachtung. Es geht nicht darum, dass es *uns* gut geht, sondern dass sich *der Staat* wohl fühlt.

Und dafür ist der Verweis auf Schwache, Hilfsbedürftige und Globalisierungsverlierer äußerst nützlich. Denn unternehmerisches Risiko gibt es auch im Privaten als individuelle Härten: Scheitern, Arbeitslosigkeit, Pech, Versagen. All das gehört zum Leben, gehört auch zu einer funktionierenden gesellschaftlichen Ordnung. Und ist nicht in jedem Fall eine Katastrophe. Aber es lässt sich heute mediengerecht so darstellen. Vor allem aber lässt es sich als *kollektive* Härte darstellen, die zu vermeiden eine politische Großtat sei. Deshalb gibt's heute Sicherheit vom Staat: Er springt ein, damit das Geschäft anspringt – das nennt sich »Anschubfinanzierung«. Und er hilft auch aus, falls die Lichter auszugehen drohen. Zumindest wenn die Firma groß genug ist. Bei kleinen Unternehmen kommt der Gerichtsvollzieher, bei Großunternehmen der Kanzler. Der »rettet« fernsehgerecht – auf Kosten des Wettbewerbs, auf Kosten kleiner Unternehmen und auf Kosten von Bürgern, die mit dem Unternehmen gar nichts zu tun haben. Aber Jammern hat sich in unserer Gesellschaft schon immer ausgezahlt. Persönlich ausgezahlt: Man ist nie allein; man hat immer Kollegen. Institutionell ausgezahlt: Man bekommt Subventionen; und wer am lautesten klagt, bekommt die dicksten. Wenn dann der Kanzler sagt, er unterstütze die Wirtschaft »in ihrem Bemühen, die technologische Marktführerschaft zu erringen«, dann ist klar, was gemeint ist: Bald öffnen sich die Geldschleusen. So lebt und wirtschaftet es sich in Deutschland hervorragend mit der Hand in der Tasche des anderen.

Den Schaden haben die Steuerzahler. Den Schaden haben aber auch die Unternehmen, die im Wettbewerb mit dem »Geretteten« besser gewirtschaftet haben und nun dafür bestraft werden. Natürlich entscheidet der Staat, was »technologische Marktführerschaft« ist, greift entsprechend gezielt in die Wirtschaft ein. In letzter Zeit gefällt sich der Staat sogar als Antreiber für Konzernfusionen, als Geldgeber für Unternehmenszukäufe, als Meistermacher – als ob er zu höherer Einsicht fähig wäre als die Wirtschaft. Und schaufelt Milliardengräber: Holzmann, der Schnelle Brüter von Kalkar, der Transrapid, der selbst in China eine traurige Figur macht, Maxhütte, LTU, Cargolifter, Toll Collect – alles Beispiele dafür, dass sich technologische Erfolge nicht mit der förderpolitischen Brechstange erzwingen lassen. Die Politik inszeniert sich aber gerne weiter als staatliche Pannenhilfe. Die Kohl-Regierung glaubte sogar, man könne eine marode Volkswirtschaft mit Dauersubventionen erneuern.

Subventionieren, das heißt nichts anderes, als alte Geschäfte um jeden Preis zu erhalten und damit neue, bessere zu verhindern. Wer schon lange am Markt ist, hat den Vorteil: Er kann nicht nur den drohenden Verlust in düsteren Farben malen – »Arbeitsplätze stehen auf dem Spiel! Verödung!« – sondern hat meist auch gute Verbindungen in die politischen Entscheidungskreise. Wer dagegen neu auf den Markt kommen möchte, hat's schwerer, weil er nur mit Möglichkeiten und Erwartungen dagegenhalten kann. So schützt die Subvention systematisch das, was da ist, vor dem, was kommen könnte – »Keine Experimente!« Die andere Seite spielt munter mit: Wo immer die Wirtschaft die Chance zum Griff in die Staatskasse hat, streckt sie die Hand aus. So wurden die unsäglichen Personal-Service-Agenturen mit Fördermitteln überschüttet, machten die PSA-Betreiber reich, brachten die Arbeitslosen keinen Meter weiter und schwächten noch die seriösen Zeitarbeitsfirmen. Ebenso wurden Unternehmen über viele Jahre angereizt, ältere Arbeitnehmer auf Kosten der Sozialkassen in den vorzeitigen Ruhestand abzuschieben. Eine staatlich legitimierte und finanzierte Demütigung des Alters.

Politische Dressur beginnt mit Geschenken. Eine Form ist die konkrete Geldleistung – vom Exportzuschuss für Airbus-Flugzeuge bis zu Vorzugsdarlehen für die Kutterfischerei. Die andere ist der Verzicht auf Steuereinnahmen – von der Steuerfreiheit für Flugbenzin bis zur verringerten Umsatzsteuer für Zahntechniker. Kaum ein Unternehmen, das auf der Suche nach einem neuen Standort nicht zig Vergünstigungen aushandelt – von Infrastrukturmaßnahmen bis hin zu kostenlosen Grundstücken und Steuerbefreiungen – bevor es dann generös einer Gemeinde den Zuschlag gibt. Gerade Großunternehmen werden vom Staat in großem Stil verdeckt subventioniert. Wo Schuldächer undicht sind, weil den Kommunen das Geld fehlt, wo Stadtbüchereien geschlossen, Not-Telefone abgeschaltet und Straßen nicht mehr repariert werden, da ist immer noch genug Geld vorhanden, um über den Unternehmen das staatliche Füllhorn auszuschütten. Wie viele Subventionsmilliarden in Deutschland exakt fließen, hängt von der Zählweise ab. Die Bundesregierung spricht in ihrem Subventionsbericht von 59 Milliarden Euro. Damit liegt sie in Europa an der Spitze. Nach Rechnung des Kieler Instituts für Weltwirtschaft sind es allerdings 155 Milliarden – zählt man alle Zahlungen an öffentliche Institutionen (Krankenhäuser, Kindergärten und so weiter) hinzu. Das wäre, so gerechnet, gut ein Drittel des deutschen Steueraufkommens.

Am meisten profitiert davon die Bauwirtschaft. Kein deutsches Einfamilienhaus wird ohne staatliche Zuschüsse gebaut. Um Ökologie kümmert sich an dieser Stelle offenbar niemand: In Deutschland wird täglich eine Fläche von etwa 100 Fußballfeldern neu bebaut. Aber auch Heiratshilfen, Auslandszulagen, sogar spätes Schuften wird vom Staat belohnt. Nicht nur Müllwerker oder Leichenbeschauer, auch die Kicker von Borussia Dortmund erhalten eine Steuerbefreiung für Nachtzuschläge. Zu schweigen von den Zahlungen für den deutschen »Dampfkesselausschuss« (gibt es wirklich) oder für den »Ausschuss für Getränkeschankanlagen« – Ausschuss halt.

Ferner erhalten die Bauern ein großes Stück vom Subventionskuchen. Mittels subventionierter Kulissen können sie darauf bestehen, Repräsentanten einer traditionellen Lebensweise zu sein. Eine Handvoll Grossagrarier wird dafür bezahlt, dass sie minderwertige Lebensmittel produzieren, die Tiere in Massen halten und die Landschaft durch Pestizide und Nitrat zerstören. Aber auch der Kleinanbau von Biomöhren wird bezuschusst. Vor allem aber Kühe – erst werden sie selbst subventioniert, dann wird die Milch und das Rindfleisch mit Steuergeldern wieder aus dem Markt genommen. Die EU hat deshalb die teuersten Kühe der Welt: Sie bekommen mehr monetäre Unterstützung (Subventionen plus Schutzzölle), als die Hälfte der Weltbevölkerung zum Leben hat. Sogar die Kraniche, die jedes Jahr zweimal über das Brandenburgische ziehen und dort, nein, nicht das tierliebe Herz erfreuen, sondern einfach in die Felder kacken, bringen den Besitzern der so überdüngten Krume stattlich-staatliche Ausgleichszahlungen.

Weithin bekannt ist das Beispiel der Steinkohle. Jeder Arbeitsplatz im deutschen Steinkohlebergbau kostet pro Jahr rund 60 000 Euro. Ohne die Steinkohle fehle der deutschen Energieversorgung ein wichtiger Grundstein? Einverstanden. Aber auch Strom wird subventioniert, mit insgesamt 1,8 Milliarden Euro im Jahre 2004. Würden die norddeutschen Bauern Ananas züchten und dafür staatlichen Beistand fordern, würde man ihnen wahrscheinlich den Puls fühlen. Bei der Kohle ist das anders. Deutschland werde sonst ein »Freizeitpark« – so die Kohlelobby. Noch heute bewerben sich bei der Deutschen Steinkohle AG jährlich etwa 5 000 Bewerber – in einem Wirtschaftsbereich, der seit Jahrzehnten vom Geld anderer Leute lebt. Aber die Kohlesubventionen gelten nicht nur dem moralisch ausgelobten Ziel, eine nationale Energiereserve vorzuhalten (wofür eigentlich? für den atomaren GAU?), sondern als ganz normale privatwirtschaftliche Absatzhilfe. Die Deutsche Bergbau Technik (DBT, gehört zur RAG) verkauft Bergbaumaschinen in alle Welt und macht 70 Prozent ihres Umsatzes außerhalb deutscher Grenzen. Auf den hiesigen »Testmarkt« will sie nicht verzichten, denn nur, was sich in deutschen Gruben bewährt, taugt für den Export. Sprich: Die Milliardensubventionen für die Kohle stützen den Millionenumsatz des Maschinenherstellers.

Auch das Messewesen wird gefördert. So gibt es im deutschen Messewesen nur deshalb einen so ruinösen Preisverfall, weil die Überkapazitäten kommunal subventioniert sind. Prestigeobjekte halt – wen kümmert da die kümmerliche Nachfrage? Und dieser Preisverfall ist nicht wirklich ruinös, weil ihn der Steuerzahler munter weiter subventioniert.

Weniger bekannt ist auch, dass gegenwärtig in Deutschland viele Regionalflughäfen mit Steuergeldern ausgebaut werden – in der Hoffnung auf das große Geld. Mit Subventionen, die gemessen an den Kosten pro Arbeitsplatz, höher sind als im Kohlebergbau. Sie werden Subventionsruinen werden, da sie in strukturschwachen Gebieten liegen und die Überkapazitäten schon jetzt absehbar sind. Das Passagieraufkommen müsste jährlich etwa um 15 Prozent wachsen; es wächst aber höchstens um 4 Prozent, ab 2010 abnehmend. Die Differenz zahlt der Bürger – zwangsbeteiligt beim »Flughafenkonzept« des Bundesverkehrsministers. Das alles ist jedoch ein Pappenstiel gegen die jährlich 18 Milliarden Subventionseuro für die Deutsche Bahn. Wie viele Milliarden Euro jährlich *insgesamt* in der Verkehrspolitik vergraben werden, weil politische Freundschaften gepflegt werden, das lässt sich nur erahnen.

Schönes Beispiel für das offenbar unaufhaltsame Vordringen des Staates in jeden Winkel der Gesellschaft ist auch die staatliche »Kreditanstalt für Wiederaufbau« (KfW). Kläranlagen in Polen? Wärmedämmung in Litauen? Bewässerungssysteme in Sizilien? Alles kein Problem. Wann immer der Markt einen Kredit nicht gewähren will, glaubt die Staatsbank ein Marktversagen entdeckt zu haben. Beherzt füllt sie die Lücke und versenkt Steuergelder in Milliardenhöhe. Für ihre Werbung hat sie das schöne deutsche Wort »wecken« entdeckt. Von großen Werbeflächen schaut uns nun eine Prinzessin entgegen, die eine Kröte küsst. Der Slogan: »Weckt, was in der Wirtschaft steckt: Unsere neuen Förderprogramme für den Mittelstand«. Der Mittelstand als hässliche Kröte? Ist es nicht vorrangig der Mittelstand, der die Gehälter der Staatsbankangestellten zahlt?

In den Genuss von Subventionen kommt jedoch nicht nur die ehemals »freie« Wirtschaft; ein endlos fließender Geldregen mitsamt seinen Bewilligungsbürokratien ergießt sich auch über Kultur und Bildung: Deutschland ist das Land der beheizten Schwimmbäder, der Seniorenfreizeitstätten, der Volkshochschulen, der Beratungsstellen für Schuldner, für Käufer von Waschmaschinen und für Ehepartnen in der Krise. Für jede Misslichkeit, mit der sich ein Mensch im Laufe seines Lebens konfrontiert sehen könnte, findet sich heute eine Unzahl öffentlicher sozialer Dienste. Es gibt kaum ein Problem, das noch als ein rein privates begriffen wird und der öffentlichen Betreuung entgeht; und es gibt kaum einen Wunsch, der nicht an den Staat adressiert auf seine Erfüllung pocht.

So auch bei den Studiengebühren: Um sicherzustellen, dass alle Menschen studieren können, werden keine Studiengebühren erhoben, sollen sie sogar per Gesetz verboten werden. Steuerungsinstrument für einen maroden Arbeitsmarkt, nach dem Motto »Wer länger studiert, geht kürzer stempeln«? So pointiert die *Financial Times Deutschland*. Jedenfalls ein gigantisches Subventionssystem für das Bildungsbürgertum, finanziert von der Friseurin, dem Kellner, dem Klempner – all jenen, die in ihrer Mehrzahl auch nicht studieren würden, wenn sie dabei noch Geld herausbekämen. Ich jedenfalls finde es klasse, dass meine Kinder kostenlos studieren können und später dadurch bessere Berufschancen haben als die Kinder des Hausmeisters an der Ecke. Zwar können die Hausmeisterkinder *theoretisch* auch studieren, aber sie tun es nicht: Akademikerkinder studieren nach einer Untersuchung des Deutschen Studentenwerks achtmal so häufig wie Arbeiterkinder. Das hängt unter anderem damit zusammen, dass Bildungsunterschiede schon früh geprägt werden und sich gerade im deutschen Schulsystem noch verstärken – allen Beteuerungen und Bemühungen um »Chancengleichheit« zum Trotz. Im Übrigen freue ich mich auch über »soziale« Preise beim Theaterbesuch. Ich finde es prima, wenn ich einen hoch subventionierten Platz in der Oper einnehmen darf, während mein proletenhafter Nachbar für das Stones-Konzert richtig bluten muss. Der Staat weiß halt, was echte Kultur ist. Er hat die Welt wunderbar eingerichtet.

Zurück zu den Studiengebühren: Es ist unbestritten, dass niemand, der begabt und fleißig ist, auf Grund seiner sozialen Herkunft vom Studium ausgeschlossen sein sollte. Das ist beispielsweise in den USA hervorragend geregelt. In Deutschland aber jammert alles über überfüllte Hörsäle und schlecht bestückte Bibliotheken. Es muß doch möglich sein, eine bescheidene Eigenleistung einzufordern, wenn ein weitgehend von der Gesellschaft finanziertes Studium jahrelang nicht abgeschlossen wird ... Es wird eine Jugend ohne Zukunft sein, wenn sie nicht gelernt hat, das Eigene dazu zu tun.

Immer wieder wird behauptet, Subventionen seien »belebende Finanzspritzen«, durch sie würde die Nachfrage angekurbelt. Das ist auch so: nach *ganz bestimmten* Gütern. Nach jenen, dic politisch gewollt sind. Die anderen werden benachteiligt. Die so genannte »Ich-AG« wird als persönliche »Anschiebefinanzierung« feilgeboten. Aber es ist eine Leistung ohne Gegenleistung. Wie der Transfer in den Osten: Hilfe ohne Selbsthilfe. Alle bisherige Erfahrung zeigt, dass man mitnimmt, was mitzunehmen ist. Wo bleibt das Risiko? Wo bleibt die Sogwirkung der Verpflichtung? Glaubt die Politik wirklich, die Menschen seien so ideenlos, dass sie ohne Staatsknete passiv blieben? Es gibt kein Unternehmertum ohne persönliches Risiko. Und wer dieses Risiko auf sich nimmt, der weiß, was er tut.

Subventionen sind vor allem Beschäftigungspolitik. Mit positiv klingenden Begriffen wird Abgestorbenes künstlich beatmet. Jeder Cent davon fehlt für etwas Neues, für etwas Lebensfähiges. Was würde passieren, wenn sämtliche Subventionen abgeschafft würden? Die Forscher des Kieler Weltwirtschaftsinstituts haben das ausgerechnet: Der Eingangssteuersatz könnte auf 7 und der Spitzensteuersatz auf 17 Prozent sinken. Dann könnte man wohl auch ohne staatlichen Zuschuss ein Haus bauen. Aber genau das will man nicht: Da mag der deutsche Osten sich leeren, da mögen unzählige Bürogebäude leerstehen: vom Fiskus gefördert, von den Menschen nicht nachgefragt – der nimmermüde Ost-Herbergsvater Stolpe sorgt weiter dafür, dass seine brandenburgischen Investitionsruinen alimentiert werden.

Nun sind Subventionen seit Jahren in die Kritik geraten, von vielen Seiten wird ihr Abbau gefordert. Und man glaubt auch erkannt zu haben, warum das nicht gelingt: Jedes Mal, wenn es zur Sache gehe, träten die Betroffenen zur Seite, um anderen den Vortritt zu lassen. Das mag stimmen. Wichtiger aber scheint mir, dass es ein klammheimliches Einverständnis der Politik gibt, sich ihre Lenkungsinstrumente nicht aus der Hand nehmen zu lassen. Das hieße nämlich Macht abgeben. Es könnte nicht mehr so gut verteilt und umverteilt werden. Zehntausende von Bürokraten wären arbeitslos. Das will die Politik nicht. Dadurch hat sich eine »verrückte« politische Interessenstruktur entwickelt: Die Politik hat weniger Probleme mit der *Lage* Deutschlands; sie hat Probleme mit den *Mitteln*, diese Lage zu verbessern. Deshalb gibt sie weiter ihre Machtansprüche als »Gemeinwohl« aus. Zudem traut sie sich nicht, die Wähler zu vergraulen. Immer klarer wird, dass Politik und öffentlicher Dienst vor allem »selbstinteressierte« Organisationen sind. Denn das sind Subventionen *eigentlich*: Kauf von Wählerstimmen. Subventionspolitik ist Bestechung mit dem Geld anderer Leute. Bis hin zu der schwer kontrollierbaren Form von Korruption unter der Überschrift »Bezahlt wird später«: Politiker und einflussreiche Beamte halten *nicht sofort* die Hand auf, wenn sie mir ihren Entscheidungen bestimmte Firmen oder Branchen begünstigen; *später* aber wechseln sie gerne auf gut dotierte Posten dieser Unternehmen. Das »passierte« dem Staatssekretär Alfred Tacke, der einst gegen das Votum des Bundeskartellamtes die Ministererlaubnis für die Übernahme von Ruhrgas durch Eon durchboxte. Er bekam einen Vorstandsposten bei genau dem Unternehmen, das davon profitierte. Na, so 'ne Überraschung! Und der baden-württembergische Ex-Wirtschaftsminister Walter Döring wurde jüngst Aufsichtsratschef des Küchenherstellers Alno, dem er zuvor zwei Landesbürgschaften verschafft hatte. Es ist eben *nicht* übertrieben, Deutschland ein korruptes Land zu nennen.

Steuern über Steuern

Der Staat per se ist keine Bedrohung. Er mag unbeliebt sein, aber wenn er *verwaltet*, ist er harmlos – dann, wenn er dient, wenn er »öffentlicher Dienst« ist. So wie es auf dem Portal des deutschen Reichstags steht: »Dem deutschen Volke«. Ja, der Staat war einst für den Bürger da. Das hat sich geändert. Heute ist der Bürger für den Staat da. Der Staat hat sich verselbstständigt. Er hat sich mit Macht- und Beherrschungswillen gepaart. Wenn der Staat also selbst etwas *will*, dann wird er zum Problem. Wie es Ludwig von Mieses sagte: »Wer seinen Mitmenschen nicht zu dienen in der Lage ist, will sie beherrschen.«

Wenn es dem Staat also nicht mehr darum geht, herauszufinden, was die Bürger *wollen*, sondern darum, was die Bürger *sollen*; wenn der Staat die für einen Rechtsstaat unabdingbare Neutralität gegenüber den Werthaltungen der Bürger aufgibt; wenn er normative Ansprüche beim Bürger durchsetzen will – dann fragt er danach, wie viel er dem Bürger abnehmen muss, um seinen *Lehrplan* umzusetzen. Das Lieblingsinstrument des Staates ist daher die Steuer – wie der Name schon sagt. Durch sie wird der Bürger in seiner Entscheidung, wie er sein Einkommen verwendet, 1. teilweise enthoben und 2. beeinflusst. Betrachten wir beide Aspekte.

Grundsätzlich ist jede öffentliche Ausgabe eine Richtungsgebung. Ob Geld in den Straßenbau oder in das Schienennetz investiert wird, ob Geld in die Eigenheimzulage fließt oder dem Mietwohnungsbau zur Verfügung gestellt wird, das prägt die gesellschaftliche Entwicklung. An der Staatsquote kann man also das Maß der Beeinflussungsmöglichkeit ablesen, mithin den Lenkungswunsch des Staates. In ihr drückt sich aus, welchen Anteil des Bruttoinlandproduktes der Staat kontrolliert, für seine Zwecke beansprucht und zentral verteilt. Wenn er beispielsweise eine Staatsquote von 50 Prozent verordnet, dann sagt er: »Zur Hälfte muss ich dir die Entscheidung abnehmen, wie du dein Einkommen verwenden willst.«

Die chronische Finanznot des Staates resultiert aus dem Wunsch, mehr Geld zu verteilen (und somit mehr Verhalten zu steuern), als die Bürger bereit wären, mit ihren Steuergeldern zu finanzieren. Da der Staat am längeren Hebel sitzt, steigen die Steuern und Sozialabgaben dennoch – offen oder verdeckt. Und wenn sie mal sinken, bleiben sie auf insgesamt sehr hohem Niveau.

Der Steuerstaat ist in den vergangenen zwei Jahrzehnten zum Lohnsteuerstaat mutiert. Das heißt, ein immer höherer Anteil der Steuern wird von einem immer geringer werdenden Anteil von Arbeitnehmern bestritten, denn am einfachsten lässt sich die Steuer bei den Lohnsteuerzahlern erheben. Als Folge sinkt das persönliche Durchschnittseinkommen in Deutschland im Vergleich zu fast allen Industrienationen kontinuierlich. Die nächste Quizshow, so munkelt man, wird vom Bundesfinanzminister moderiert: »Wer war Millionär?« Aber unabhängig davon, wie viel Sie persönlich verdienen: Eine gesellschaftliches System ist normativer Sozialismus, wenn mehr als die Hälfte des Erwirtschafteten nicht durch die freie Entscheidung des Bürgers für Konsum, Investieren oder Sparen verwendet wird. Hätte man Ludwig Erhard vor nicht einmal 50 Jahren von einem Staat erzählt, der einen so hohen Teil des Bürgereinkommens konfisziert und verwaltet, er hätte nicht gezögert: Dieser Staat ist totalitär. Wer Deutschland auf dem Weg in den Neoliberalismus sieht, sollte zum Augenarzt gehen.

Und es ist natürlich ein Irrtum zu glauben, die Abgabenhöhe sei mit der Steuerzahlung identisch. Ein und dieselben Erträge werden im Leben eines Steuerzahlers immer wieder erneut belastet. Erst das Einkommen, dann die Erträge aus dem Einkommen, dann die Vererbung des Ersparten. Kein Handgriff einer Kellnerin, kein Krümel auf dem Teller, kein Griff zum Tankschlauch, der nicht mehrfach besteuert würde. Nimmt man hinzu, wie oft in den Stunden vom morgendlichen Piepsen des Weckers bis zum abendlichen Zischen des Bieres sich der Staat mit *indirekten* Steuern und Gebühren in das Leben des Einzelnen drängelt, dann kommt man zu drakonischen Abgabenquoten von 70 Prozent und mehr. Die effektive Steuer- und Abgabenquote eines durchschnittlichen Einkommens, das *voll verkonsumiert* werden müsste, läge bei etwa 80 Prozent. Und in jedem Jahr arbeiten die Bürger mehr als 200 Tage für den Staat. Der Mensch als Krone der Schröpfung.

Das folgt dem Leitsatz aus dem volkspädagogischen Lehrplan: »Erhebe mehr indirekte Steuern als direkte; verstecke die Steuern im Preis der Waren.« Unsere staatlich gelenkten Lebensumstände, die Gesundheitsvorsorge, die Alterssicherung, sie alle entziehen sich daher unserer persönlichen Achtsamkeit. Die Steuern werden vom Konto direkt abgebucht, weshalb niemand eine konkrete Vorstellung von der erwartbaren Gegenleistung entwickelt. Das Inkasso ist anonymisiert als Beitragssätze, Lohnnebenkosten, als indirekte Steuern. Die Kehrseite dieser Anonymität: die Lizenz zur Ausbeutung von Sozialleistung – vom Kanzler mit unschuldigem Augenaufschlag als »Mitnahmementalität« beklagt.

Schweifen wir kurz ab zu der alten Streitfrage, ob insgesamt die Nachfrage stiege, wenn die Steuern gesenkt würden. Bei den Unternehmen ist das offensichtlich nicht der Fall, zumindest was ihre Nachfrage nach Arbeit angeht: Gesenkt wurden bekanntlich die Gewerbesteuern, erhöht die Abschreibungsmöglichkeiten. Dies zu dem ehrenwerten Zweck, den Unternehmen mehr Mittel für Investitionen zu überlassen, damit Arbeitsplätze entstünden. Wenn aber investiert wurde, dann in Technologien – oder im Ausland. Und dafür haben die Unternehmen gute Gründe: Dort, wo unerbittlich die ökonomische Vernunft regiert (und regieren muss!), ist es mit »Lenken« vorbei; da »fördert« der Staat ins Leere. Was niemanden zu irritieren scheint, denn unverdrossen wird die Heilsbotschaft von der nachfragesteigernden Steuersenkung verkündet und Mehr-vom-Selben verordnet.

Wie sieht es bei den Bürgern aus? Auch da versagt das Prinzip, mit Steuer-»Reformen« den Bürger zu formen und ihn zum Einkaufen zu animieren. Viel stärker als minimale Korrekturen wirkt die Stimmung: Die Menschen geben nicht Geld aus, wenn sie Geld *haben*, sondern wenn sie Geld *erwarten*. Und wenn die Zukunft wenig Gutes ahnen lässt, dann ist »Angstsparen« die vernünftige Lösung – oder sie lautet Steuerhinterziehung. Denn dann können die Menschen selbst entscheiden, wie sie ihre Kaufkraft verwenden. Steuerhinterziehung heißt genau das: »Ich gebe mein Geld selbst aus, statt es vom Staat ausgeben zu lassen.« Ende der Abschweifung.

Selbst eine Staatsquote von 50 Prozent lässt den vormundschaftssüchtigen Staat nicht ruhen. Es verbleibt eine Grauzone des guten Lebens, in dem sich der Bürger offenbar orientierungslos herumtreibt. Der Bürger braucht Nachhilfe! Deshalb sagt der Staat: »Auch bei dem verbleibenden Rest deines Einkommens sollst du nicht frei entscheiden. Weil es dir an der richtigen Gesinnung mangelt, gebe ich dir gute Gründe, dich so zu verhalten, wie ich es für richtig halte.« So nimmt der Staat die Steuerpolitik beim Wort und steuert, was das Zeug hält. Überall sucht er nach »Stellschrauben«, mit denen er das naturhaft eigensinnige Verhalten der Bürger nachjustieren kann. Er belohnt dies und bestraft das, er begünstigt dieses Verhalten und erschwert jenes. Er kettet Ehepaare über den finanziellen Vorteil formal zusammen, bestraft aber das ungestempelte Zusammenleben. Er belohnt das Kinderkriegen, bestraft die Kinderlosigkeit – selbst wenn sie ungewollt ist. Er unterwirft Erträge aus Festverzinslichem einer konfiskatorischen Abgabelast, lässt aber Lebensversicherungen zur Hälfte ungeschoren. Autofahrern schenkt er Geld, wenn sie Diesel fahren, den Bauern Geld, wenn sie die Milchwirtschaft aufgeben, Wohlhabenden Geld, wenn sie in den asiatischen Schiffsbau investieren. Oder in Flugzeuge. Dabei wird das Eigeninteresse oft zur Kenntlichkeit entstellt: Politische Parteien sind von der Steuer befreit. Auch die Parteispende ist steuerlich voll abzugsfähig. Kein Schuft, der Böses dabei denkt.

Teilweise absetzbar sind umweltdienliche Aufwendungen, Investitionen in Baudenkmäler und Sozialwohnungen, in die Förderung der neuen deutschen Bundesländer und in Windkraftwerke. Sollte jemand die Absicht haben, sich qua wirtschaftlicher Einsicht oder freiem Willen mit anderen zu vereinigen, so macht ihm das Steuerrecht schnell klar, dass es mit seiner Freiheit nicht weit her ist: AG, GmbH, KG und Mischformen sind Ergebnisse steuerlicher Überlegungen. Auch die Investition in Heimatfilme bringt Steuervorteile. Zum Beispiel *Der Wixxer* – eine passable Komödie, durch steuerbegünstigte Medienfonds finanziert. Rauchern Geld abzuknöpfen empfiehlt sich besonders, muss man bei einer gesellschaftlich derart randständigen Gruppe kaum mit Barrikadenkämpfen rechnen. Auch das schlechte Umweltgewissen der Autofahrer lässt sich ausnutzen. Nicht nur beim Benzinpreis: Das Umweltbundesamt schlug im Januar 2004 vor, die Dienstwagenbesteuerung mit einem höheren Prozentsatz des Listenpreises zu veranschlagen; zudem sei die kostenlose Bereitstellung von Parkplätzen für Angestellte als geldwerter Vorteil dem Gehalt hinzuzurechnen. Wie wäre es mit einer Steuer auf den vierten Reifen? Dann hätten wir bald wieder die Dreiräder der fünfziger Jahre. Leitsatz aus dem volkspädagogischen Curriculum: »Nutze soziale Konflikte zur überhöhten Besteuerung von unpopulären Gruppen.«

Steuerrecht als moralische Anstalt: Das Kosten-Nutzen-Kalkül des Bürgers wird durch die Gesinnungsvergütung so verändert, dass sich das »umgeleitete« Handeln wieder lohnt. Denn wer sein Verhalten an staatlichen Interessen ausrichtet, hat Steuervorteile. Wer das nicht tut, Nachteile. Wichtig ist: Absolute Steuerhöhe und Lenkungsinteresse arbeiten auf subtile Weise zusammen: Je höher die Steuerquote, desto größer auch die Wahrscheinlichkeit, dass der Bürger auf der Suche nach Abschreibungsmöglichkeiten der Lenkung folgt. Wer sich aber nicht an staatlichen Interessen ausrichtet, verstößt damit zugleich gegen die eigenen Interessen. Er läuft gleichsam vor eine steuerliche »Schikane« – eine ähnliche Schikane, die man in Wohngegenden einsetzt, um den Verkehrsfluss auf Radfahrertempo zu drosseln.

Man erdrosselt aber noch mehr. Womit wir am Kern der Dinge wären.

Zuckerbrot und Peitsche

Schon immer haben Menschen versucht, das Verhalten anderer Menschen zu steuern. Ob durch Belohnungsversprechen oder Strafandrohung. Sporttrainer gelten als »Motivationskünstler«. Lehrer motivieren Schüler. Chefs motivieren Mitarbeiter. Prämien gibt es für besonderen beruflichen Einsatz – neuerdings sogar für Beamte. Aus dem sozialistischen »Helden der Arbeit« ist der kapitalistische »Mitarbeiter des Monats« geworden. Aktienoptionen sollen Manager anspornen, den Shareholder-Value zu mehren. In der Erziehung gilt das Prinzip der »positiven Verstärkung«. So geben viele Eltern ihren Kindern Geld für gute Noten. »Wenn du deinen Teller leer isst, darfst du heute Abend fernsehen.« »Wenn du das Abitur schaffst, spendiere ich dir ein Auto.« Fleißkärtchen fördern in der Schule wünschenswertes Verhalten. Feldherren schicken ihre Heere mit dem Appell an die Vaterlandsliebe in den Kampf. Orden und Ehrenzeichen machen gesellschaftliche Unterschiede deutlich. Und die Kirchen versprechen uns einen Platz auf der himmlischen Ehrentribüne, wenn wir auf Erden artig sind.

Auch Unternehmen wollen Aufmerksamkeit auf ihre Produkte lenken. Rabatte hier, Bonusmeilen dort. Mit der *Bild* in der Hand gibt es Preisnachlass bei Tchibo, Douglas und Deichmann. Krankenkassen locken mit Bonusprogrammen für gesundheitsbewusstes Verhalten: Belohnt wird, wer Tai-Chi-Kurse und Fitnessstudios besucht. Dafür gibt's dann schon mal die Körperfettwaage als Dankeschön, Treuepunkte oder ein kleines Extra auf der Kundenkarte von Karstadt, Ihr Platz und Jacques' Weindepot. Kostet ein paar Euro plus die Preisgabe der persönlichen Daten – auf dass ein immer genaueres Röntgenbild von Ihnen gespeichert wird. Mit den »s-points« wollen Sparkassen die Abwanderung zu Banken verhindern. Den Mitgliedern der Volks- und Raiffeisenbanken werden bundesweit Rabatte angeboten: das Pfund Butter 20 Cent billiger, wenn man Geno-Kunde ist. Was die Butter mit der Bank zu tun hat? Keine Ahnung. Beim Herrenbekleidungsgeschäft Anson's kann man jetzt seine Socken mit Lufthansa-Meilen bezahlen. Wo da die Verbindung ist? Es geht um anderes: Märkte sollen geschützt, Geldströme kanalisiert, der Kunde gebunden werden. Was kurzzeitig funktioniert. Dann kommt der »Tribüneneffekt«: Am Anfang stehen einige auf, können kurzzeitig besser sehen, zwingen aber die anderen, ebenfalls aufzustehen. Niemand kann mehr besser sehen, alle stehen, und alle stehen unbequem. Prima Idee. Was ist der Rabatt anderes als der nachträgliche Abzug des Aufschlags?

Aber es ist natürlich unbestreitbar, dass man Menschen über Anreize zu einem erwünschten Handeln »bewegen« kann. Zumindest kurzfristig. Legionen von Forschern beschäftigen sich mit der Analyse menschlicher Motivation und ihrem Einfluss auf das Handeln. Sie alle stellen die zentrale Frage der Fremdsteuerung: »*Wie* schaffe ich es, dass der andere das tut, was ich will?« Die vielfältigen Antworten lassen sich auf sechs Worte reduzieren: »*Tue dies, dann bekommst du das.*« Nach diesem Muster funktioniert das System der Fremdsteuerung, das unser gesamtes gesellschaftliches Zusammenleben überwuchert. Diese Gleichung ist *das* Denk- und Lenkmodell unserer Gesellschaft überhaupt. Das ist auch genau die Formel, mit der der Staat die Allmacht über alle Lebenszusammenhänge an sich gerissen hat. Das Ziel: Diffamierung des Eigensinns, Gesinnungsnötigung, »Im Gleichschritt, marsch!« Will man sich den Zugriffen dieses gefräßigen Zurichtungswillens entziehen, muss man entweder ignorant sein oder aber erhebliche Nachteile in Kauf nehmen. Damit wird Dummheit zum letzten Reservat des selbstständigen Menschen.

Und Vertrauen zur knappen Ressource.

Lähmendes Misstrauen

Dieser Staat gründet in einem tiefwurzelnden Misstrauen gegenüber dem Bürger, seine Belange selbst zu regeln. Deshalb lautet sein

Grundgesetz: »Alles, was der Staat leisten kann, soll er auch leisten. Nur dort, wo der Staat überfordert ist, darf sich private Initiative entfalten« – eine auf den Kopf gestellte Subsidiarität. Diesem Menschenbild entspricht, dass die losgelassene Menschennatur hier und jetzt keinen Optimismus, kein Vertrauen verdiene. Dieses Denken gibt sich hierin pragmatisch. Es erklärt sich mit Erfahrung. Unverantwortliche und unfähige Menschen werden als Beleg dafür angeführt, wohin man kommt, wenn man Freiheit ernst nimmt, die Menschen sich selbst überlässt, gar dem Markt vertraut. Es registriert, dass Menschen sich oft genug kurzsichtig, verantwortungslos und gemeinschaftsfeindlich verhalten. Ja, darum war und ist für die herrschende Staatslehre rücksichtsloses Verhalten so überaus wichtig – weil es den schlagenden Beweis für eine pessimistische Menschenauffassung liefert, die ihrerseits die Basis für den staatlichen Eingriff bildet.

Lauscht man Politikerrunden, dann zementiert sich diese pessimistische Auffassung; man muss den Eindruck gewinnen, die Deutschen seien geistig zentralverriegelt. Die Leute seien »überfordert«, man dürfe sie »nicht allein lassen«, man müsse sie »entlasten«, könne ihnen nicht die ganze Wucht ihrer Existenz »zumuten«, sie wollten »gelenkt werden«, sie bräuchten »Visionen«, mindestens aber »Orientierungen«, benötigten Schutz für dieses und Schutz gegen jenes. Dauernd muss man den »Menschen draußen im Lande«, den »Bürgerinnen und Bürgern« etwas »erklären«, sie »mitnehmen«, ihnen »verständlich machen«, was sie offenbar noch nicht richtig verstanden haben. Oder schlimmer noch: nicht verstehen wollen. Na wartet, ihr Bengel, euch werden wir schon Mores lehren! In Talkshows, vor allem aber im nichtöffentlichen Gespräch, fällt immer wieder dieser Satz: »Das ist ja richtig, aber politisch nicht durchsetzbar.« Damit wird unterschwellig noch etwas anderes gesagt: »Ich mache bewusst etwas Falsches, weil das machbar ist.« Kann man ein Volk drastischer denunzieren? Protest wird als Zusammenrottung von Einfaltspinseln denunziert, für die man zwar gönnerhaft Verständnis zeigt, die aber weiterer Belehrung bedürfen. (Vieles davon erinnert mich an Fernsehansprachen George W. Bushs, bei denen man immer den Eindruck hat, er spräche zu einem Volk von Vollidioten.) Das Pathospronomen »Wir« regiert die Aufrufe – eine politische Allergie gegen alles Individuelle. Dieses »Wir« ist aber vor allem ein moralischer Trickbetrug, weil man sich selbst nicht dazu zählt. »Wir müssen ...« – gemeint sind die anderen, die nicht maximal abgesichert als betriebsdistanzierte Glaubenswächter bei Christiansen & Co sitzen. Und wenn die Bürger noch immer nicht begriffen haben, dann gibt es ein »Vermittlungsproblem«. Wo doch der ökonomische Sachverstand mittlerweile auch in den weniger gebildeten Mittelschichten so weit fortgeschritten ist, dass sie einen Hedge Fonds nicht für Gemüsebrühe halten.

Das ist offenbar das Menschenbild staatlicher Zentralinstanzen: »Wenig Vernunftbegabte, viele Schwererziehbare da draußen!« Ein bemerkenswertes Demokratieverständnis. Müssen wir begründen, was die Menschen wollen? Ist denn nicht die Demokratie die Herrschaft des Volkes? Ist nicht das, wie die Menschen leben wollen, nicht weiter zu rechtfertigen? Oder warten wir alle auf irgendwelche Mandarine, deren Kulturkritik uns den rechten Weg weist?

In Worten wie »Qualität sichern«, »Grundauftrag wahrnehmen« artikuliert sich eine tiefe Verachtung des Massengeschmacks. Eine verschleierte Publikumsbeschimpfung. Der Bürger weiß ja gar nicht, welche ungeahnten Bedrohungspotenziale in ihm schlummern. Und er ist nicht umsichtig genug, zu sehen, wie er sich selbst schadet. Deshalb muss man ihn »vor sich selber schützen«. Wer soll das tun? Der Staat. Genauer, seine Repräsentanten, Bürokraten und Politiker. Leute mit angeborenem Veredelungsdrang. Großdompteure unserer Gesellschaft. Sie bearbeiten, hobeln, polieren, färben, glätten, stutzen, begradigen, schleifen, schmirgeln, pinseln, lackieren sich alles zurecht, was ihnen unter die Finger gerät. Sie erklügeln Konventionen, um Menschen nicht zu begegnen; sie gießen Schablonen, um nicht um die Herzen werben zu müssen; sie führen Einheiten und Maße ein, um sich nach Strich und Faden zu täuschen. Gegen die überschäumende Wirklichkeit des Menschlichen propagieren sie formgeknebelte Standards und verkaufen dekorativ umschleierte Prokrustes-Betten. Denn sie wissen, was für uns gut ist, wie das Leben funktioniert und welche Gefahren überall lauern. Dafür kann man dann auch mal Risiken weniger finden als »er-finden«.

Es »gibt« aus Sicht dieser Pessimisten also bereits Verantwortungslose und Rationalitätsverweigerer von Natur aus – genau wie es Bäume, Tiere und Sterne gibt. Dieses Denken ignoriert, wie der Mensch *wird*, was er sozial *ist*. Dieses Denken ignoriert, dass sich über die hochvernetzten Prozesse die misstrauische Prognose *immer* selbst erfüllt. Und es ignoriert vor allem den eigenen Anteil am Stein des Anstoßes: das Misstrauen, welches sich als »self-fulfilling prophecy« immer selbst bestätigt. Die Folge dieses Denkens ist eine Bevormundungskultur, in der das Misstrauen stets sprungbereit lauert, in der es für jedes Gestaltungsproblem eine autoritative Lösung gibt.

Regieren – An der Freiheit des anderen vorbei

Die Politikerreden sind voll vom »mündigen Bürger«. Aber für voll genommen wird er nicht. Zwar gehen Politiker sogar dazu über, Belastungen für die Bürger mit dem Appell an die Selbstverantwortung zu garnieren, aber all das wird – wie wir noch sehen werden – strukturell dementiert. Der Staat zieht sich scheinbar zurück und öffnet Freiräume. Der Gebrauch der Freiheit wird jedoch sofort wieder festgelegt und reguliert. Nach dem Motto: »Ihr sollt euch um euch selber kümmern, aber ich sage euch genau wie«. Wer sich ein Gespür dafür erhalten hat, erlebt gerade gegenwärtig den Staat als zunehmend normativer, distanzloser, bedrängender. Die Kontroll- und Einflussregeln, die sich hinter den Förder- und Hilfsprogrammen verbergen, überwuchern das Land. In der Hand des Staates schlägt mithin die »Freiheitsgarantie« in »Freiheitsentzug« um. Kaum merklich und deshalb auch keinen Widerstand erzeugend.

Dieses » ... ich sage euch genau wie« reklamiert die Deutungshoheit über das »gute Leben«. Was ein gelingendes Leben ist, was wünschenswert ist und was nicht, das wird zentral entworfen, das entscheiden wohlmeinende Bürokraten. Die Menschen »draußen im Lande« – das sind immer die anderen, das heißt alles minus Politik und Bürokratie. Die »Bürgerinnen und Bürger« sind so kurzsichtig, egoistisch und verantwortungslos, dass man sie nicht einfach machen lassen könnte. Deshalb müsse man sie an ein »Gemeinwohl« ketten. Was das ist, entscheidet wieder der Staat. Genau genommen wird also dreierlei unterstellt:

1. Der Bürger weiß nicht, was gut für ihn ist.
2. Der Bürger weiß nicht, was gut für das Zusammenleben ist.
3. Der Bürger weiß nicht, was gut für zukünftige Generationen ist.

Von dem amerikanischen Philosophen Robert Nozick stammt die Einsicht, es könne keinen Begriff vom guten Leben geben, der für so unterschiedliche Menschen wie Marilyn Monroe, Albert Einstein, Ludwig Wittgenstein oder Louis Armstrong zutreffe. Das war in den sechziger Jahren. Um wie viel komplexer liegen die Dinge heute, in einer hoch individualisierten Gesellschaft! Politik und Bürokratie – gleich welcher politischen Richtung – aber sind unerschütterlichen Glaubens an die Richtigkeit *ihres* Lebensentwurfes. Sie wissen, was wir brauchen, noch bevor wir überhaupt erahnen, was wir selbst wollen. Vor allem glauben sie, im Auftrag der *ganzen* Gesellschaft zu handeln.

Erinnern Sie sich an den Einleitungsgedanken »An der Freiheit des anderen kommt niemand vorbei«? Nun, irgendwie versucht der Staat, an der Freiheit des Bürgers vorbei zu kommen. Dafür hat er drei Möglichkeiten: Vertrauen – Geld – Macht. Er könnte dem Bürger vertrauen. Er könnte davon ausgehen, dass sich Menschen in der Regel vernünftig verhalten, wenn man sie in die Verantwortung bringt. Wenn er aber misstraut, wenn er Angst hat, wenn er fürchtet, die Menschen könnten sich und anderen schaden – dann wird er versuchen, das Verhalten der Menschen vorhersagbar zu machen, zu kontrollieren. Dann wird er zudringlich. Er wird Tricks und Kniffe ersinnen, die den anderen dazu bringen sollen, das zu tun, was aus staatlicher Sicht gut, richtig oder sinnvoll ist. Er wird zu Geld oder Macht greifen. Er wird die Bürger bedrohen, bestrafen, bestechen und belohnen. Das nennt man Regieren. Die Folgen schauen wir uns im nächsten Kapitel an.

Kollateralschäden

»Für jedes komplexe Problem gibt es immer eine einfache Lösung. Und sie ist immer falsch.«

Henry Louis Mencken

Die Schwanzprämie

In einem Bergdorf des Berner Oberlandes gibt es Probleme: Wühlmäuse untergraben das Lebensglück der Landwirte. Sie machen sich über die Wurzeln von Gras, Klee und Obstbäumen her, fressen Blumenzwiebeln, Gemüse und Rüben, bringen die Bauern mit Erdhaufen in Harnisch, verwandeln den Sportplatz in einen Sturzacker. Ja, sie verschlechtern den Geschmack des Heufutters mit dem pulverisierten Aushub ihrer Gänge – so stark, dass sogar die Rinder am Trog streiken.

Doch der Gemeinderat hat ein Rezept gegen die Plagegeister: Geld. Nach dem Motto »Nur tote Mäuse sind gute Mäuse« zahlt die Gemeinde für jeden Mäuseschwanz eine Prämie: die Schwanzprämie. Dafür hat man im Alten Schulhaus extra ein Büro eingerichtet und das (nebenberufliche) Amt des »Schwanzkontrolleurs« geschaffen, der die Mäuseschwänze zählt und den Überbringern das Geld zuweist.

Aber die Einführung der Schwanzprämie verlief nicht ganz ohne Ärger. Die Nachbargemeinde, die ebenfalls auf diese aparte Idee gekommen war, zahlte für die Mäuseschwänze nämlich das Doppelte. Zähneknirschend musste man also die Schwanzprämie angleichen und von ursprünglich 50 Rappen auf einen Franken erhöhen. »Sonst hätte es einen Mäuseschwanztourismus in den Nachbarort gegeben«, fürchtete der Gemeindesekretär. Mittlerweile haben die Gemeinderäte ihren Streit beigelegt, mit einer »Schwanzprämienharmonisierungsverordnung«.

Trotz des anfänglichen Ärgers aber ist man mit dem Ergebnis sehr zufrieden. Im letzten Jahr sind dreimal mehr Schwänze abgegeben worden als im Vorjahr. Die Prämie hat mittlerweile sogar den Rang einer Reservewährung, mit der je nach Bedarf ein Zusatzeinkommen generiert werden kann. Einige Bürger haben im Alleingang weit über 1 000 Schwänze herbeigeschafft – viele davon, so vermutet man, stammten aus eigener Züchtung. Entsprechenden Verdacht veranlasste den Gemeinderat, an die Haushalte ein Schreiben zum »Gestaltungsmissbrauch bei der Schwanzprämie« zu verteilen, was aber das wachsende Misstrauen der Bauern untereinander kaum besänftigte.

Damit war es der Probleme nicht genug. Denn die Prämie lockte nicht nur ehrenwerte Bürger mit traditionellen Schnappfallen auf die Wiesen. Auch professionelle Großjäger wurden angezogen, die mit dem Hightech-System »Topcat« ins lichtlose Reich der Mäuse vorstießen, um dort um ein Mehrfaches erfolgreicher die Mäuse zu guillotinieren. Um diese Fallen aber rasch wieder zu finden, wurden an ihrem Einsatzort lange Bambusstäbe in die Erde gesteckt, an denen weithin sichtbar Fähnchen baumelten. Was wiederum einige Bauern wegen der »Verschandelung der Landschaft« erregte. Richtiger Protest aber wallte auf, als klar wurde, dass die Großjäger mühelos die Schwanzkasse der Gemeinde plündern konnten. »Unlauterer Wettbewerb«, erscholl es nun. Man stritt erbittert um eine »Schwanzquote«, die pro Person nicht überschritten werden dürfte. Was nunmehr auch den Einsatz der 90-jährigen Großmutter beim Abliefern der Schwänze erforderte. Insgesamt aber – so ist man sich im Gemeinderat einig – sei die Schwanzprämie ein voller Erfolg.

Sie glauben, dass sei eine Fabel? Nein, diesen Bericht können Sie in *Spiegel Online* vom 25.06.04 nachlesen; ich habe ihn nur wenig ausgeschmückt. Und eigentlich ist es ein Bericht über Deutschland.

Spätfolgen und Nebenwirkungen

Politik, vor allem Parteipolitik, handelt nach dem Motto: »Ich habe die Lösung, wo ist das Problem?« Politik löst daher nicht die Probleme, die anstehen, sondern die, für die sie Lösungen zu haben glaubt. Sie definiert die gesellschaftliche Frage so lange um, bis ein weltanschaulicher Standard passt, den sie im Angebot hat. Im Regelfall sind das einfache Lösungen für komplexe Probleme. Aus dem Handbuch für Politiker: »Sorge für die rasche Behebung des Symptoms, nicht des Problems, denn nichts lenkt besser ab als eine rasche Aktion an der falschen Stelle.« Die Politik liebt diesen »quick fix«, die schnelle Reparatur. Möglichst medienwirksam: politische Feuerwehreinsätze zum Kanonendonner einer dauerhysterischen Presse. Manchmal hat man den Eindruck, als hoffte man einen Rennwagen zu reparieren, indem man gegen den Kotflügel tritt. Eine selbstbewusste und mit moralischer Überzeugung vorgetragene Position leuchtet ja auch häufig ein. Schaut man sich jedoch die *Wirkung* an, darf man zweifeln. Oft genug wird sogar das Gegenteil dessen erreicht, was als Ziel angestrebt war. Erinnern Sie sich, wie Holzmann Schröder saniert hat? Zwei Jahre später war der Konzern pleite.

Es liegt nahe, die Misserfolge als »handwerkliche Fehler« zu verharmlosen oder sie überforderten Beamten anzulasten. Tatsächlich aber führt das Sperrfeuer aus politischen Lenkungsideen, detailverliebten Parlamentariern und absicherungsfanatischen Bürgern dazu, dass Nebenwirkungen unterschätzt werden. Komplizierte Zusammenhänge werden mit Blick auf die Meinungsumfragen simplifiziert, aus einem schwierigen Problem wird ein einfaches gemacht – und die gewünschte Lösung gibt vor, wie man es dem Publikum verkauft. Ob diese Lösung tatsächlich funktionieren wird, ist eine Frage, die sich naturgemäß erst später beantworten lässt. Und Politiker leben bekanntlich im Heute.

Die Logik der einfachen Lösungen kennt jeder aus seinem Alltag – auch da zielt jede Entscheidung auf Wirkungen. Von denen sind einige beabsichtigt (Wirkungen Erster Ordnung), andere nicht. Gleichsam »hinter dem Rücken« der Entscheidung kommt es aber auch immer zu Handlungsfolgen, die unbeabsichtigt sind (Wirkungen Zweiter Ordnung). Diese Wirkungen Zweiter Ordnung können größer sein als die beabsichtigte Hauptwirkung; sie können die Ausgangslage sogar noch verschärfen. Bestens bekannt ist das Phänomen als »Diätfalle« oder »Schuldenfalle«: Die Entscheidung, sich das lästige Übergewicht möglichst schnell vom Hals bzw. von der Hüfte zu schaffen, wirkt kurzfristig, die Nebenwirkungen werden danach sichtbar. Sobald die alten Lebensgewohnheiten wieder durchschlagen, bringt man in kürzester Zeit noch mehr Gewicht auf die Waage als vorher. Ähnlich wirken Sofortkredite, die kurzfristig Luft verschaffen und sie einem langfristig abschnüren. In beiden Fällen beschränken sich die beabsichtigten Wirkungen und die unbeabsichtigten Nebenwirkungen auf den Einzelnen. Im Fall der Politik betreffen sie *alle* Bürger. Eine politische Entscheidung entlastet oft kurzfristig von einem Problem, indem sie langfristig noch größere Probleme schafft. Ja, man kann ohne Übertreibung die Auffassung vertreten, dass wir in großen Teilen unserer gesellschaftlichen Wirklichkeit umstellt sind von einer Zweitnatur aus Handlungsfolgen.

Beispiele dafür gibt es genug: Die griechischen Städte, deren Häuser oft eine hässlich unverputzte Wand aufweisen, weil erst für ein voll verputztes Haus die Steuern fällig werde. Die Regierung von Mexico City, die, um die Luftverschmutzung zu reduzieren, Autos mit geraden Kennzeichen an geraden Tagen und Autos mit ungeraden Nummern an ungeraden Tagen fahren lässt und dadurch die Zahl der Autozulassungen binnen Wochen vervielfacht. Die Fluggesellschaft, die im Zuge der Kundenorientierung die Abflugpünktlichkeit durch das Ablegen des Fliegers am Gate misst und damit erreicht, dass die Passagiere oft stundenlang auf dem Rollfeld warten müssen. Die Bank, die die Neukundengewinnung an der Zahl neuer Kontonummern misst und damit eine Nummerninflation und extremen bürokratischen Aufwand erzeugt. Der Vertriebsleiter, der den Verkauf bestimmter Produkte durch Bonussysteme fördern will und damit erreicht, dass die nichtbonifizierten Produkte wie Blei im Lager liegen bleiben. Der Erfolg kann in Misserfolg umschlagen: Der ultimative Erfolg des Autos ist der Stau.

Das Wissen um Spät- und Nebenwirkungen ist kümmerlich. Da gibt es den Bürger, der sein Geld Pensionskassen anvertraut, auf dass sie durch Aktienhandel sein Geld mehren; gleichzeitig regt er sich über die »vaterlandslosen« Profitmaschinen auf, die sich nur noch am Shareholder-Value orientieren – nämlich an *seinen* Kapitalinteressen. Das Volk der Schnäppchenjäger ruft »Geiz ist geil« – und wundert sich, dass nichts mehr wert ist, was es wert ist, dass kein Preis mehr *gilt*, dass auch Arbeit billig wird wie Dreck. Ja, plötzlich ist sogar der eigene Arbeitsplatz bedroht, weil die Arbeit anderswo zum »Schnäppchenpreis« geleistet wird. Ja, Geiz ist eben geil. Im Land der Tierschützer, Gesundheitsapostel und Reformhäuser wird heftig gegen Legebatterien, Genmais und Massentierhaltung protestiert – aber nirgendwo in Europa sind die Lebensmittel so billig wie in Deutschland.

Und die Politik? Sie beklagt herablassend das allgemeine »Billigwillich«. Aber dieselbe Politik sorgt dafür, dass die Preise für landwirtschaftliche Produkte lügen, weil große Teile der Produktionskosten nicht von den Konsumenten gezahlt werden, sondern über Subventionen vom Steuerzahler. Ganz zu schweigen von den Schäden an Natur und Landschaft, die man ebenfalls der Allgemeinheit überlässt. Mehr noch zu schweigen von vielen Kleinbauern in Entwicklungsländern, deren Absatzmärkte durch subventionierte Agrarexporte zerstört werden. Im Gesundheitsmarkt privilegiert dieselbe Politik billige Nachahmerprodukte und diktiert Niedrigpreise. Damit nimmt sie innovativen deutschen Pharmaunternehmen die Chance, die Innovationskosten für neue Medikamente auch wieder im Heimatmarkt zu decken. Unbeabsichtigte Nebenwirkung: In Deutschland werden mittlerweile mehr Medikamente importiert als exportiert. Mit Nachahmerprodukten aber kann Deutschland sein hohes Lohnniveau nicht halten. Das Forschungsklima wird in Deutschland immer ungünstiger; hoch qualifizierte Arbeitskräfte wandern ins Ausland ab. Zuletzt verlassen auch niedriger qualifizierte Pharmaarbeitsplätze das Land, das einst die »Apotheke der Welt« war.

Gefahr erkannt – Gefahr gebannt? Da fordert der politische Lauthals großzügige Zuschüsse und Steuererleichterungen für »innovative« Unternehmen – und gleichzeitig das Rückschneiden der überbordenden Wissenschaftsbürokratie. Das eine dementiert das andere – sieht man das nicht? Wer soll denn die Zuschüsse verwalten, bewerten und verteilen? Zuschüsse und Sonderbehandlungen erzeugen nun einmal *neue* Bürokratie.

Das beste Beispiel für unbeabsichtigte Spät- und Nebenwirkungen aber ist die *Schwarzarbeit*. Man muss kein Professor für Volkswirtschaftslehre sein, um zu sehen, dass Arbeit keineswegs ein knappes Gut ist. Arbeit gibt es in Hülle und Fülle. Im Haushalt, im Garten, bei der Betreuung von Kindern und Alten, bei Alltagsdienstleistungen und vor allem im öffentlichen Bereich. Arbeit massenweise – und dennoch bleibt sie liegen. Gründe dafür gibt es viele. Der wichtigste ist: Arbeit wird in Deutschland künstlich verknappt oder verteuert. Sie wird daher auf dem offiziellen Arbeitsmarkt nicht mehr nachgefragt. Wer aber ein Gut künstlich verknappt, erschafft Schwarzmärkte – mit mechanischer Sicherheit. Dort wird Arbeit nachgefragt; dort schafft sie Werte, als Nachbarschafts-, Vereins- oder Kollegenhilfe, aber auch im großen Stil ohne arbeits- und abgabenrechtliche Regelungen. Warum auch sollte ich dem netten Polen, der mein Arbeitszimmer neu streichen will, nicht ein paar glatte Scheine auf die Hand drücken?

Die Dimensionen sind gewaltig. So gewaltig, dass man nicht zu sehr übertreibt, wenn man sagt, wir verdankten unseren gegenwärtigen Wohlstand weitgehend der Schwarzarbeit. Dadurch gehen dem Staat Steuern und Sozialabgaben verloren. Richtig. Aber, wenn man sie eindämmte, stiege dann die Beschäftigung, wie uns der Finanzminister immer wieder einredet? Wohl im Gegenteil: Sie würde sinken. Eine Menge Arbeiten bliebe liegen. Dem Staat ginge es besser, den Bürgern aber schlechter. Gerne wird auch übersehen, dass Schwarzarbeit das Sozialprodukt und damit – mittelbar – das Steueraufkommen mehrt: Baumärkte florieren, ebenso die Telefondienste. Wenn wir also unseren Wohlstand sichern wollen, dann brauchen wir *mehr* Schwarzarbeit.

Das will der Staat nicht glauben. Er verdrückt ein paar Krokodilstränen und reagiert auf bekannte Weise: 7000 neue Schwarzarbeitverfolgerplanstellen wurden geschaffen. Offenbar geht es dem Staat nicht um *unseren* Wohlstand, sondern um *seine* Einnahmen. Wir können aber beruhigt sein, die Schwarzarbeit wird weiter wachsen. Mit einem Wasserglas kann man keinen Waldbrand bekämpfen. Und man kann auch nicht Menschen im Alter von 50 Jahren konsequenzlos vom Arbeitsmarkt verjagen. Man müsste gleichzeitig das Bedürfnis abschaffen, dass diese Menschen etwas *tun* wollen, dass Menschen ihre Erfahrung und Könnerschaft einsetzen wollen. Sie wollen weiter anerkannt werden in dem, was sie können. Und sie sorgen dafür. Sie bilden Selbsthilfegruppen. Ihre Arbeit wäre auf dem offiziellen Arbeitsmarkt allerdings unbezahlbar. Wer kennt noch offizielle Stundenlöhne von 15 Euro? Das sei Ausbeutung, sagen die Archivare des 19. Jahrhunderts. Man frage die Beschäftigten selbst. Sie wissen: Die schönsten Plätze sind Arbeitsplätze. Jedenfalls entstehen so Arbeitsmöglichkeiten, die sonst nie nachgefragt würden.

Die oben beschriebenen Phänomene beruhen auf Entscheidungen, die *zunächst* ein Problem lösen sollen, aber *später* erhebliche Folgeprobleme auslösen. In der Regel werden diese Wirkungen nicht vorhergesehen. Es sind »blinde Flecken«. Denn die Reaktion auf lenkende Eingriffe ist kaum prognostizierbar. Das verhält sich bei einem sozialen System genauso wie bei einem Menschen. Wenn dieser zum Beispiel spürt, dass er beobachtet wird, verändert er sein Verhalten. Er passt sich an die Tatsache des Beobachtetwerdens an. Wie er dies tut, dass ist unvorhersehbar. In gleicher Weise kann man im politischen Bereich erleben, wie die ursprüngliche Ausgangslage durch politische Eingriffe so verändert wird, dass das ursprüngliche Ziel aus dem Blick gerät oder sich verändert – in jedem Fall aber neuen Eingriffsbedarf erzeugt. Das führt dann zu allerlei politischen Alibiveranstaltungen, um zu zeigen, dass man die Lage im Griff hat.

Es gibt jedoch Folgekosten, deren Eintritt mindestens wahrscheinlich ist. Sie werden mithin *wissentlich* in Kauf genommen. Weil sie aber nicht direkt sichtbar und oft auch nicht an den Ort der Entstehung zurückzuverfolgen sind, erregen sie kein besonderes Aufsehen. Sie zu bagatellisieren ist daher verführerisch. Vorbeugendes und weitsichtiges Handeln gibt es daher in der Politik kaum. Für grundsätzliche Überlegungen ist es stets der falsche Zeitpunkt. Man tut das Unwichtige, um dem Wichtigen nicht ins Auge blicken zu müssen. Am besten, man führt polternde Entschlüsse herbei und sorgt dafür, dass sie für Veränderungen gehalten werden. Hilfreich dabei ist das Ritual des »Verabschiedens« von Programmen. Das reicht zum Nachweis der guten Absicht. Man hätte natürlich auch fragen können: *Warum* wird das gewünschte Verhalten nicht gezeigt? Könnten die Ziele illegitim sein? Könnten sie gegen die Interessen der Menschen laufen? Gibt es Gründe für deren Nichthandeln? Nein, der Staat weiß, was für uns gut ist.

In der Politikwissenschaft ist das kein Geheimnis: Der Staat beschäftigt sich zu 90 Prozent mit Problemen, die er selbst erzeugt hat. Das Gerede über die deutsche Unbeweglichkeit ist ein Ablenkungsdiskurs, der die zerstörerischen Wirkungen staatlicher Eingriffe ausblendet und ersatzweise individuelle Verhaltensdefizite diskutiert. Damit hat man den Buhmann dingfest gemacht und das Problem in den Lastensack des Bürgers gepackt. So löst die Politik ein Problem und wird dann erneut aktiv, um die Probleme der Problemlösung zu lösen. Eine aus der Sicht der Politik positive Kurzzeitwirkung wird mit negativer Langzeitwirkung bezahlt. Doch das lässt die Politik seltsam unberührt. Warum? Die nächste Wahl steht an. Unterstützung für lediglich Wahrscheinliches ist schwer zu organisieren. Und Zukunftsinteressen haben bekanntlich gegenüber Gegenwartsinteressen einen schweren Stand. Politik setzt daher auf kurzfristige Erfolge und überlässt die Spätwirkungen den Nachgeborenen. Wenn also der Wähler die Politik für kurzfristige Erfolge belohnt, erzeugt er jene Nach-mir-die-Sintflut-Haltung, die nicht selten von jenen beklagt wird, die sie ausbeuten.

Zu Risiken und Nebenwirkungen sollen Sie ja bekanntlich Ihren Arzt oder Apotheker fragen, jedenfalls irgendeinen Experten. Das scheint mir nicht nötig zu sein, wenn Sie offenen Auges durch die Welt gehen oder Ihren Verantwortungshorizont nicht nur auf die eigene Lebenszeit beschränken – zum Beispiel wenn Sie Kinder haben.

Gute Absicht, schlechte Wirkung

Die Spät- und Nebenwirkungen, das ist das Ausgeschlossene, von dem man den Blick wendet. Das allerdings wollen am wenigsten jene wahrhaben, die für sich in Anspruch nehmen, Politik »aktiv« zu »gestalten«. Sie sind zumeist subjektiv voller guter Absichten. Ich habe selten Mühe, ihre Motive zu teilen. Aber sie sind vor lauter moralischem Bekenntniseifer oft blind für die Konsequenzen. So ist – um nur ein Beispiel zu nennen – die Ursache für das Steuerchaos die Absicht des Gesetzgebers, möglichst jedem Einzelfall gerecht zu werden. Man will Härten vermeiden, also: Gutes tun. Am Ende aber erreicht man, dass das Steuerrecht sich selbst sabotiert.

Die gute Absicht, das war noch für Immanuel Kant die Bedingung moralischen Handelns. Man mag sie auch teilen; aber was ist mit den Wirkungen? Spricht man sie an, hält man sie gar für kontraproduktiv, ist die Empörung kaum zu unterdrücken. Bei fast jeder Diskussion der gleiche Ablauf: Wer auf problematische Wirkungen hinweist, der wird mit guten Absichten erschlagen. Es ist immer mehr in Mode gekommen, in der Politik mit der Moralkeule herum zu fuchteln. Es geht nicht mehr um Wirkungen, sondern um Absichten. Es geht nicht mehr um Menschen, sondern um Prinzipien. Die Instrumente müssen nicht mehr ihren Ertrag nachweisen, sie müssen nur auf der »richtigen« Seite angesiedelt sein. Gestritten wird um Positionen, um »anständiges Verhalten«. Der von Max Weber missverständlich so genannte »Verantwortungsethiker« verschwindet leise hinter dem »Gesinnungsethiker«. Publikumswirksam schützen die Gesinnungsethiker den heiligen Gral der reinen Lehre. Mit ethisch hochaufgeladenen Sprachbildern, denen kaum ein Normalbürger zu widersprechen wagt, will er sich nicht als Menschenfeind entlarven, hüten sie die Flamme ihrer Lauterkeit. In Talkshows schwenken sie ehrenvolle Absichtswimpel und pflastern die gesellschaftliche Zukunft mit süßen Verheißungen. Auch deshalb kommen Reformen in Deutschland nicht voran: Fernsehgerecht kann man nur *Absichten* präsentieren; *Wirkungen* fallen erst in der Zukunft an. Alle, die etwas wollten, aber nicht konnten, beanspruchen für sich gute Absichten.

Wenn dann später die »unintended consequences« nicht mehr zu leugnen sind, dann spricht man allenfalls von »falschen Anreizen«, von der »Fehlsteuerung öffentlicher Mittel«. Oder, seit Schröders Kanzlerschaft, von »handwerklichen Fehlern«. Erst hieß es, wir haben ein Vermittlungsproblem; dann hieß es, wir haben ein Umsetzungsproblem; dann ein Kommunikationsproblem; schließlich haben wir ein Akzeptanzproblem. Was wir aber tatsächlich haben, ist ein Problem in der Art und Weise, wie Probleme gelöst werden sollen. Weshalb man allseits glaubt, Deutschland werde schlecht regiert – und übersieht dabei die grundsätzliche *Überzuständigkeit des Staates.* Nicht Fehlsteuerung ist das Problem – Steuerung ist es. Glaubt wirklich jemand ernsthaft, dass die oppositionsunfähige Opposition, die das Land 18 Jahre lang ruhig stellte, es politisch besser machen würde als die rot-grüne Chaotentruppe, die Modernisierung wenigstens versucht?

Wo Absichten und nicht Wirkungen zählen, wird das *Darstellen* guter Absichten zur Wirkung. Und damit zum Ersatz für Politik. Politische Karrieren sind abhängig von den Medien, und so wundert es niemanden, dass Politiker PR-Beratungen beschäftigen oder selbst entsprechende Firmen gründen. Auf das Image kommt es an, nicht darauf, was bewegt oder bewirkt wurde. Es geht nicht um die Sache, sondern darum, »Themen zu besetzen«. Die alten, ausgeleierten Lenkungskonzepte werden unter immer neuen begrifflichen Verkleidungen präsentiert. Einst wurden die Medien geschätzt als »vierte Gewalt«, die die Politiker beobachten und im Interesse der Bürger kontrollieren sollte; heute sind sie längst selbst zur politischen Instanz mutiert: Als Maßstab, an dem sich bestimmt, was »vermittelbar«, also »politisch machbar« ist. Die allsonntäglich inszenierten Scheingefechte der immer gleichen Gesichter unter den immer gleichen Scheinwerfern der Christiansen-Show sind zum Sinnbild einer Politik geworden, die nur noch sinnfrei um sich selbst kreist. Es ist erkennbar nicht das Ziel der politischen Debatten, zu einer rational nachvollziehbaren Entscheidung zu kommen. Was dazu führt, dass Entscheidungen nicht oder zögerlich getroffen und Spätwirkungen kaum diskutiert werden. Es sind nicht nur »Systemfehler«, wie der Föderalismus mit seinen erwartbaren Bundestag-Bundesrat-Blockaden, die jede Veränderung so schwierig machen und für die allgemeine Politikverdrossenheit sorgen; es ist die Art und Weise, wie politische Fragen behandelt, verhandelt, vertagt und verwässert werden.

Notausgang: Gestaltungsmissbrauch!

Wenn man etwas nicht wahrhaben will, wenn man die Spät- und Nebenwirkungen nicht verantworten will, dann ist der Gegenangriff die beste Verteidigung. Und die Armee der Volksmoralisten hat ihre Gewehre mit schwerer Wortmunition geladen. Das größte Kaliber: »Gestaltungsmissbrauch!«

Der Gestaltungsmissbrauch haust in der Lücke zwischen Gesetz und Anwendung. Kaum ist das Wort gefallen, ist man selbst aus dem Schneider und steht der andere am Pranger. Tja, wenn die Praxis nicht der Theorie gehorcht, um so schlechter für die Praxis.

Der Großteil der Steuergesetzänderungen will die Schlupflöcher stopfen, die die Steuergesetzänderungen gerissen haben. Da verteilt der Staat ungeheure Gelder, fördert hier, unterstützt da, lenkt, richtet und gefällt sich in der eitlen Rolle des Sankt-Georg-Ritters – und beklagt dann »Mitnahmementalität« und »Raffgier«. »Die Bürger haben vergessen, dass wir alle der Staat sind und dass es unsere Steuergelder sind, die wir uns auf Umwegen zuschanzen« – so Brandenburgs Innenminister Schönbohm. Soso, »vergessen« haben wir das. Und wieder paart sich starkes Gutmenschentum mit schwachem Wirklichkeitssinn. Der politische Lenkungseingriff *ermöglichte* erst den Gebrauch (nicht Missbrauch!), indem er die Regel schuf, die die Freiheit des Einzelnen einschränkte! Der Bürger versucht zu kriegen, was zu kriegen ist, weil er den Eindruck hat, dass der Staat nimmt, was zu nehmen ist.

Gottfried Benn schrieb einst: »Das Gegenteil von gut ist nicht böse, sondern gut gemeint.« Nicht Mangel an gutem Willen macht unsere Lage prekär. Im Gegenteil: Was uns zu schaffen macht, sind die Konsequenzen einer Moral, die staatlich instrumentalisiert wird. Wir sind umstellt von Handlungsfolgen, kämpfen gegen die unbeabsichtigten Konsequenzen der letzten politischen Großentscheidung, sind nicht selten wie Prometheus gefesselt an den Stein der Eingewöhnung in desaströse Kurzschlüssigkeit. Denn die Geister, die man rief, wird man so schnell nicht wieder los. Man hat den Bewegungsraum der Menschen eingeengt und wundert sich nun über unbeabsichtigte Folgen.

Der Staat versucht mit Werkzeugen die Bürger zu lenken – und nimmt damit in Kauf, genau von diesen Werkzeugen in eine beklagenswerte Situation gebracht zu werden. Wie ein Autofahrer, der über die Autobahn rast und sich über die vielen langsamen Fahrer aufregt: Er sieht nicht, dass er das Phänomen selbst erzeugt, das er beklagt. In gleicher Weise ruft die Politik den Bürgern zu: »Pass dich an!«, und sieht nicht, dass sie ein Volk von Angepassten erzeugt. Genau das ist in Deutschland passiert. Der Staat hat in Deutschland das zerstört, was die Sozialpsychologie die *»Über-*

zeugung der Selbstwirksamkeit« nennt. Das ist die innere Einstellung, sein eigenes Leben im Griff zu haben, sein Leben selbstbestimmt zu führen, selbstvertrauend und vertrauensvoll in die Zukunft zu blicken. Gemeint ist die Ressource »Das kann ich!«, der Glaube an die eigene Kraft, der bekanntlich Berge versetzen kann – aber in Deutschland oft nicht einmal mehr Hügelchen. Der Staat hat sein Zerstörungswerk nicht mit einem großen Schlag vollbracht, nicht mit einer dramatischen Geste. Nein, der Prozess läuft leise, schleichend fast, als Nebeneffekt, für den Einzelnen kaum merklich und mit wohlklingenden Obertönen.

Schauen wir uns im Folgenden die Kollateralschäden des staatlichen Steuer- und Lenkungswahns an. Wer dabei Parallelen zu anderen Lebensbereichen sieht, gar zu seinem Privatleben, liegt richtig.

Staat und Bürger im Verteilungskampf

Der Staat ist kein Problemlöser, er ist ein Problemmacher. Er hat sich sehr weitgehend von der Lebenswirklichkeit der meisten Menschen entfernt und von der positiven Lebensenergie entkoppelt. Wenn ich zu dick bin, bin ich nicht in Ordnung; wenn ich weniger als zwei Kinder habe, bin ich nicht in Ordnung; wenn ich rauche, bin ich nicht in Ordnung; wenn ich meine Kinder zu Hause unterrichten will, bin ich nicht in Ordnung; wenn ich meine Kinder zwei Tage vor Ferienbeginn aus der Schule nehmen will, bin ich nicht in Ordnung; wenn ich reich bin, bin ich nicht in Ordnung (wenn ich arm bin aber auch nicht); wenn ich keine Lust zum ewigen Lernen habe, bin ich nicht in Ordnung; wenn ich mein Kind »Detroit« nennen will, bin ich nicht in Ordnung (aber »Anton« ist klasse); wenn ich sterben will, bin ich nicht in Ordnung; wenn ich als Lehrerin ein Kopftuch trage, bin ich nicht in Ordnung (bei Nonnen wird das gerne anders gesehen), wenn ich selbst für meine Alterssicherung sorgen will ... was Ordnung ist, das wird woanders entschieden. Wo kämen wir hin! Da kann ja jeder kommen! Sofort schlägt der Großkonsens der Gleichmacher zu und zieht alles in die unanstößige Normalzone. Ist noch niemand auf die Idee gekommen, dass die allseits beklagte »Staatsverdrossenheit« genau diesen psychologischen Kern hat: »Ich wende mich ab von jenen, die mir dauernd sagen: Sei anders!«? Viele Bürger spüren den kalten Wind, der ihnen aus den Kühltürmen des deutschen Umerziehungskraftwerks entgegenweht. Sie ziehen deshalb lieber den Kopf ein. Es macht einfach keinen Spass mehr, etwas bewegen zu wollen, mutig zu sein und den eigenen Weg zu gehen.

Vor allem aber bin ich nicht in Ordnung, wenn ich mein Geld *selbst* ausgeben will, statt es vom Staat ausgeben zu lassen. Und schon gar nicht ist es hinzunehmen, wenn ich mein Geld ausgebe für das, was *mir* gefällt, und nicht für das, was dem Staat gefällt – wenn ich mich also allem fremdsteuernden Winken mit dem Steuervorteil widersetze. Fremdgesteuert – und das wird kaum beachtet – erlebt der Bürger den Staat wortkonsequent auf zweierlei Weise:

1) als etwas »Fremdes«, etwas, was mit ihm nichts mehr zu tun hat, zu dem er in Opposition steht und gegen das er ein Recht auf Gegenwehr besitzt, fast ein feindliches Gegenüber;
2) als »Steuer«-Staat, auf die Funktion eines imaginären Großzuhälters reduziert; ganz im Gegensatz zur Schweiz beispielsweise, in der aus nämlichen Gründen die Menschen immer noch von »ihrem« Staat sprechen.

Großzuhälter – das sei übertrieben? Man betrachte die öffentliche Diskussion, wäge den Raum, den die Staatshaushalte in den Medien einnehmen, lausche privatem Erleben: Für viele Deutsche ist der Staat nur noch ein einziges riesiges Finanzamt. Der Bürger erlebt den Staat nicht in Form der Polizei oder der Justiz, sondern in der sadistischen Gestalt des Finanzbeamten. Quer durch alle sozialen Schichten zieht sich das Gefühl, der Staat nutze jede Chance, dem Bürger Geld abzuknöpfen. Dies zusammen mit seinen Komplizen aus der Steuerchaosindustrie: Steuerberater, Fachanwälte, Steuerrechtsprofessoren, Finanzrichter, Seminarveranstalter für Steuerfragen. Es sei keine Solidarität mehr zwischen den Menschen? Weit gefehlt. Es gibt eine stabile Solidarität der Steuergeknechteten. Wenn Steuerhinterziehung zunimmt, dann ist dies eben *kein* Indiz für eine moralische Krise oder unsoziale Einstellung, sondern für ein marodes System, das als *illegitim* empfunden wird. Schon Edmund Burke, ein klassischer britischer Liberaler mit Weitblick, warnte im 18. Jahrhundert die Regierungen davor, bestimmte Rechtssätze einseitig durchsetzen zu wollen, wenn die Mehrheit der Bevölkerung ihnen nicht mehr folge. Damit riskiere man den Zusammenbruch des ganzen Systems. Soll man das wünschen?

Das Steuergesetz versorgt einen Verteilungskanal, der vorne ein gefräßiges, hinten ein verantwortungsloses Ungeheuer ist. Und zu dem man bei einer Staatsquote von 50 Prozent nur noch ein Verhältnis haben kann: Notwehr. Vor allem aber wächst der Verdacht, dass dieses Ungeheuer vor allem *sich selbst versorgt*. Dass die freundlichen Erklärungen für den staatlichen Eingriff – das Schützen, Helfen, Fördern – nur vorgeschoben sind. Dass es weniger um Gerechtigkeit, weniger um sozialen Ausgleich und Gemeinwohl geht, sondern um das Wohl des Apparates. Die Politik: ein Selbstpflegeprogramm. Das spüren viele Menschen: »Die da oben machen sowieso, was sie wollen.« Die Milliarden verschwinden in einem riesigen Loch, das durch Europa nur noch größer und tiefer wurde. Dort werden sie auf nicht nachvollziehbare Weise irgendwohin verschoben, finanzieren aber offenbar vor allem den Verschiebebahnhof. Die wahrnehmbare Gegenleistung wird immer schwächer. Denn für jeden beobachtbar: Gesundheit, Alter, Bildung, Kultur – die Qualität vieler Sozialleistungen sinkt. Aber die Preise für diese schlechter werdenden Leistungen steigen – Steuern und Abgaben. Warum? Weil der Verteiler zunächst einmal an sich selbst verteilt. Wer jemals durch persönliche Umstände mit dem Betreuungsgesetz für Schwerkranke konfrontiert wurde, weiß, dass die explodierenden Kosten nicht den Betreuten zugute kommen. Sie versickern in einem überperfektionierten Verwaltungsapparat, der Abrechnungen kontrolliert, Gutachten und Stellungnahmen einholt, Rechtsstreitigkeiten austrägt – und überdies noch die Familienangehörigen entrechtet.

Welche perversen Blüten die Lenkungsmechanik treibt, kann man wunderschön auch bei den Betriebsprüfern der Steuerbehörden sehen. Sie müssen – ein Relikt aus der planwirtschaftlichen Mottenkiste – zu Beginn jeden Jahres gegenüber ihrem Chef ein »Mehr-Ergebnis« prognostizieren. Das heißt, sie sollen bei Betriebsprüfungen nicht prüfen, ob die Steuern »richtig« bezahlt wurden, sondern sie sollen dem Bürger *zusätzliches* Geld aus dem Rücken leiern – einerlei, ob die Steuern richtig bezahlt wurden oder nicht. Es geht also nicht um »Prüfung«, sondern um eine heimlich erhobene Zusatzsteuer, die die Bewertungsspielräume der Prüfer nutzt. Und da dieses »Mehr-Ergebnis« beurteilungsrelevant ist und für die Karriere des Betriebsprüfers ausschlaggebend, kann man sich vorstellen, wohin das führt: Steuermindernde Umstände werden da schon einmal leicht übersehen.

Ähnlich agiert die neuerdings »Agentur« genannte Behörde, die die Arbeitslosigkeit verwaltet. Dort gibt es interne Anweisungen, Meldetermine möglichst ungünstig zu legen, um so die Versäumnisrate zu erhöhen, was wiederum Leistungskürzungen erlaubt. Nicht um den Bürger geht es, sondern um die kalkulierten Sparziele. Im modernen Sprachgewand und bei lauthals proklamierter »Bürgernähe« erleben wir die Wiederauferstehung einer Obrigkeit, die den Bürger als Untertan und Bittsteller betrachtet. Rechtsexperten des Deutschen Caritasverbandes und der Diakonie werfen in einer Erklärung den Sozialämtern systematische und rechtswidrige Verweigerung von Leistungen vor: Die Begründungen für abgelehnte Hilfen seien »manchmal geradezu menschenverachtend«; den Betroffenen, ohnehin in einer Notlage, fehlten aber Mut, Mittel und Ausdauer, sich gegen den staatlichen Gesetzesbruch zu wehren. In gleicher Weise, wie die persönliche Steuerlast inzwischen davon abhängt, über wie viel »Gestaltungsintelligenz« der einzelne Bürger verfügt, so gilt dies auch für die Gewährung gesetzlich verbriefter Sozialleistungen. Wobei Rechtswillkür durch das Finanzamt natürlich superschrecklich ist, hingegen dieselbe Willkür gegenüber Arbeitslosen und Flüchtlingen völlig akzeptabel. Oder?

Es ist heute keineswegs mehr unerhört, festzustellen, dass der Staatsapparat in erster Linie privater Bereicherung dient. Der Verteilungskampf findet nicht zwischen Jung und Alt oder Arm und Reich statt, sondern zwischen Volk und Staat. Der Wirtschaftswissenschaftler Arthur Okun hat dafür das Bild vom »leaky bucket« geprägt. In einen Eimer, mit dem Geld verteilt wird, sind Löcher gebohrt. Auf dem Weg von den Förderern zu den Geförderten verliert der Eimer über viele Stationen immer mehr von seinem Inhalt. Das, was verteilt wird, wird immer weniger. Vor allem aber sind die Verteiler die größten Nutznießer. Wenn der Eimer schließlich bei den zu Fördernden ankommt, ist er fast leer. Der parasitäre Sozialcharakter, der vom Staat allseits beklagt wird, ist vor allem der Staat selbst. Ein angebohrter, löchriger Eimer. Max Weber hat gesagt, Politik sei das Bohren harter Bretter. Wie konnte er nur so blind sein? Er hielt Eimer für Bretter.

Die mentale Folge? In Deutschland hat es die Steuerbürokratie geschafft, aus dem Land der Dichter und Denker ein Land der Steuerhinterzieher zu machen. Es wird legitim, dem Fiskus ein Schnippchen zu schlagen. Das Tricksen gilt als keineswegs ehrenrührig, sondern als berechtigte Selbstverteidigung. Es sei zu wenig Kreativität im Lande? Schauen Sie mal, wie viel Kreativität Tag für Tag in die Steuerverkürzung investiert wird, wie viel Zeit durch Steuerberatung absorbiert wird, wie viele Gespräche unter Freunden sich um Maßnahmen gegen den staatlichen Zugriff ranken. Weil es nicht mehr »unser« Staat ist. Es ist »der« Staat.

Die staatliche Administration wird die Urheberschaft an diesem Phänomen ablehnen. Schließlich zahle niemand gerne Steuern. Verantwortlich sei vielmehr die kriminelle Energie der Bürger. Kurzerhand wird wieder eine strukturelle Schieflage dem Einzelnen in die Schuhe geschoben, große Teile der Bevölkerung schlicht zu Verbrechern erklärt. Wie viele ehemals steuerehrliche Bürger kenne ich, die einst inbrünstig erklärten, »Steuern zu hinterziehen ist eine Sauerei«, und mittlerweile offen die Gegenposition vertreten! Aber unbeirrt verwechselt der Steuerstaat seine Tropfkerze mit dem Licht der Vernunft. Und sieht deshalb nicht, wie er den Rechtsstaat mit Füßen tritt.

Das Vertrauen in das Recht stirbt

Verfolgt man die Diskussion in den Medien, dann herrscht mit Blick auf die Staatsfinanzen ein latenter Ausnahmezustand. Steuerschätzungen erhalten Schlagzeilenprominenz, mit liturgischer Atemlosigkeit müssen Löcher gestopft werden, reißen Konjunktur und andere Widrigkeiten den Staatshaushalt zu Boden. Was früher einmal galt, dass die Gesetzgebung nicht jede gesellschaftliche Konjunktur hektisch mitmachte, sondern mit guten Gründen immer eine Generation hinter der Entwicklung herhinkte, das ist heute nervöser Betriebsamkeit gewichen. Mehrwertsteuer hoch! Vermögenssteuer einführen! Lohnsteuer für Niedrigeinkommen senken! Eine kurzatmige Politik nach Kassenlage und Interesse des politischen Klientels. Finanznot und Lenkungswahn des Staates haben damit einen nachgerade dramatischen Wesenswandel in der Gesetzgebung herbeigeführt, der von der Öffentlichkeit kaum wahrgenommen wird: Das Recht ist kein Recht mehr – es ist zur *Maßnahme* geworden.

Damit verschiebt sich die Gesetzgebung immer mehr von der Legislative zur Exekutive. Es wird situationsgebunden, unsicher, vor allem aber inkonsequent und gleichgültig gegenüber grundlegenden Prinzipien – wie beispielsweise der Steuergerechtigkeit. Bis hin zur offenbaren Regellosigkeit. Die panische Hast, mit der ein Alibigesetz zur Rückholung des »Florida-Rolf« durchgepeitscht wurde, zeigt sinnfällig die Respektlosigkeit vor dem Gesetz. Was Asylbewerber schon lange an staatlicher Willkür im Umgang mit Gesetz und Recht erleben, gehört mittlerweile auch zum Erfahrungsschatz der Deutschen im Umgang mit ihren Finanz-, Arbeits- oder sonstigen Ämtern: Sie stehen unter Verdacht. Und ihre Rechte werden ihnen nur soweit gewährt, wie es zu der gerade aktuellen Finanzlage passt. Vor allem wenn es ums Geldeintreiben geht, werden kurzerhand auch höchstrichterliche Urteile ignoriert, rechtliche Vorschriften, die nicht recht passen, werden passend gemacht. Und wenn alles nichts mehr nützt, werden bürgerfreundliche Entscheidungen des Bundesfinanzhofs mit einem ministerialen »Nichtanwendungserlass« ausgehebelt: in den letzten fünf Jahren über 40-mal.

Man muss sich das vorstellen: Die Finanzbehörde kann sich über höchstrichterliche Entscheidungen willkürlich hinwegsetzen! Wenn der staatliche Respekt vor dem Recht schwindet – warum soll da der Bürger das Recht respektieren? John Locke schrieb vor über 300 Jahren: »Ist der Vertrauensbruch erst einmal da, ist das Volk vom Gehorsam entbunden.« Das wird von den meisten Bürger eher *gespürt* als gedanklich analysiert; dabei ist Rechtssicherheit die mit Abstand wichtigste Verpflichtung des Staates gegenüber dem Bürger.

Diese Entwicklung ist in ihrer Tragweite für die Republik kaum zu überschätzen. Der permanent lauernde Ausnahmezustand, mithin der Niedergang des Rechts, lauert im Herzen der Demokratie, genauer: im Verhältnis von Recht und Wirklichkeit. Die hochschnellende Willkür des Gesetzes gegenüber dem Bürger ist dabei eines der düstersten Geheimnisse der Demokratie. Und ein Geheimnis muss es bleiben, damit die Selbstgewissheit nicht leidet.

Die Rationalität kollabiert

Die Deutsche Lufthansa hat es geschafft, aus der Wirtschaftselite Deutschlands plastikkartengeile Meilenfetischisten zu machen. Die Manager nehmen das Flugzeug, auch wenn sie schneller und umweltschonender mit der Bahn fahren könnten. Sie nehmen Umwege in Kauf und verplempern Stunden ihres Lebens auf Flughäfen, um keine andere Airline buchen zu müssen. Sie buchen Flüge, die sie nicht nutzen, nur um gewisse Mindestmeilen zu erreichen. Sie meiden billigere Angebote, weil sie dann keine Meilen kriegen. Sie melden sich unter einer indischen Adresse beim Meilenprogramm an, weil man dort den Senator-Status früher erreicht. Sie stehen in den Airline-Lounges gierig vor den Kontoauszugsdruckern, sammeln penibel die Schnipsel ihrer Bordkarten, falls mal ein Flug nicht registriert worden ist ... und glauben noch zu allem Überfluss tatsächlich, sie bekämen für ihr Männchen-Machen Freiflüge, sie bekämen etwas »kostenlos«. – Was wurde ich früher gescholten, wenn ich als kleiner Junge vergessen hatte, die Rabattmarken von Kaiser's Kaffeegeschäft mitzubringen!

»Ist dies schon Tollheit, hat es doch Methode«, heißt es in Shakespeares *Hamlet.* Denn genau auf dieses Verhalten zielt zum Beispiel. das Sozialrecht. Es drängt den Bürger, Leistungen zu beanspruchen, einfach, weil sie da sind, Lehrgänge zu besuchen, die vor allem den Veranstalter fördern. Auf dieses Verhalten zielt auch das Steuerrecht. Es drängt den Bürger, Sachen zu kaufen, die er nicht benötigt und Geld in Projekte zu investieren, die ihn nicht interessieren. Der abschreibungswillige Bürger finanziert den koreanischen Schiffsbau, obwohl er weiß, dass er damit Arbeitsplätze auf deutschen Werften schwächt. Er fördert die Flugzeugindustrie, obwohl er ökologische Bedenken hat und einige Fluglinien unausgelastet sind. Er sieht sich steuerlich veranlasst, einen Film oder eine verlustbringende Gesellschaft mitzufinanzieren, obwohl er das Kapital auch innerhalb der Familie oder bei einem gewinnbringenden Unternehmen investieren könnte; aber da würde er die Steuervorteile verlieren.

Die Niederlassungsfreiheit ermöglicht dem Unternehmer den Standort nach eigenem Belieben zu wählen; das Steuerrecht aber legt ihm Regionen nahe, die ihm fremd sind, in denen er nicht leben möchte und weder qualifiziertes Personal noch eine günstige Infrastruktur findet. In der Regel macht er sich mehr Gedanken darüber, wie er sein Geld vor dem Fiskus in Sicherheit bringen kann, als über neue Produkte oder Dienstleistungen nachzudenken, die er verkaufen könnte. Da mag die Vereinigungsfreiheit des Grundgesetzes noch so sehr die Wahl der Rechtsform garantieren, das Steuerrecht drängt ihn in die GmbH & Co. KG – zeitraubend zu gründen, überreguliert und teuer.

Der steuerspartechnisch verbissene Nachbar setzt den häuslichen Wasserverbrauch ab, weil er als Lehrer ja auch zu Hause arbeitet; der nächste finanziert einen Autokauf über ein Darlehen, weil er die Zinsen absetzen kann – obwohl er genug Eigenkapital hat und so Schuldzinsen vermeiden könnte. Da liegt es dann auch irgendwann nahe, die Ehefrau als »außergewöhnliche Belastung« abzuschreiben oder den »Nutzungswert« der Schwiegermutter mit 1 500 Euro zu berücksichtigen.

Besonders drastisch bei Investitionen: Der Bürger weicht in wirtschaftlich unsinnige Konstruktionen aus, um die persönliche Steuerlast zu mindern. Ohne diese steuerlichen Vorteile kämen sie niemals zustande. Andererseits unterlässt er Investitionen, die zwar rentabel wären, aber nicht steuermindernd wirken. Die Belohnung durch den Steuervorteil wirkt: »Ich bin doch nicht blöd!« Und ist doch ziemlich blöd. Wie ein Halbblinder tappt er durch das Dickicht der Steuerschlupflöcher, halt- und orientierungslos, falls er ohne professionelle Hilfe bleibt. Im Grund will er nur eines: ausweichen, planlos, irgendwie, denn es ist unmöglich, in dem Abschreibungs- und Ausnahmendschungel noch den Überblick zu bewahren.

Finanzielle Anreize unterlaufen eine natürliche Neigung, die sich *an der Sache selbst* orientiert. Die psychologischen Folgen: Wenn Menschen mit Belohnungen auf ein bestimmtes Verhalten gelenkt werden, verlieren sie schnell das Interesse, werden unzufrieden und erbringen geringere Leistungen als jene, die ein Verhalten *ohne* versprochene Belohnung zeigen. Der Grund: Sie handeln nicht, weil sie selbst es für sinnvoll halten, sondern weil eine Belohnung ihnen diesen Sinn »ersetzt«. Die Botschaft »Tue dies, dann bekommst Du das« konzentriert Menschen auf »das«, nicht auf »dies«. Schon bald tun sie nicht mehr, was ihnen *sinnvoll* erscheint, sondern was *belohnt* wird. Der Eigensinn wird zerstört – und durch Belohnung ersetzt.

Dazu ist es wichtig, sich die *versteckten Botschaften* anzuschauen, die gleichsam »in« den Belohnungen stecken. Offenbar hat der Bürger Gründe, *nicht* aus sich heraus so zu handeln, wie der Staat es gerne hätte. Für diese Gründe interessiert sich der Staat aber nicht. Er respektiert nicht die Vernunft des Individuums. Er fragt nicht nach, kümmert sich nicht um die Rationale hinter dem natürlichen Handeln der Menschen; sie ist ihm schlicht egal. Es geht ihm darum, seinen eigenen Willen gegen den Willen der Bürger durchzusetzen. Belohnungen sind dafür ein gutes Mittel.

Wenn uns jemand für unser Handeln belohnt, sagt er uns unter schwellig: »Du hast etwas getan, was *ich* will. Sonst hätte ich dich nicht belohnt.« Und wer sich belohnen lässt, bestätigt diese Fremdbestimmung: »Ich tue nicht das, was *ich* will, sondern was *du* willst.« Wir erleben uns als Erfüllungsgehilfen fremder Absichten, als Diener der Interessen *anderer*. Das gleicht dem Prostitutionseffekt: Wir lassen uns entschädigen für etwas, was wir eigentlich nicht wollen, aber gegen Bezahlung tun. Wir erleben uns dadurch immer weniger als selbstbestimmt, immer mehr als *fremdbestimmt*.

Erinnern wir uns: Erscheint eine Handlung einem Menschen vernünftig, so wird er sie auch ohne Anreize ausführen. Erscheint sie ihm unvernünftig, so unterlässt er sie. Die staatliche Lenkungsnorm aber ruft ihm zu: »Wir glauben dir nicht, dass du dich vernünftig verhältst!« Sie »verbiegt« mithin das Handeln des Bürgers, drängt ihn zu einem »unnatürlichen« Verhalten. Sie unterläuft das an der Sache orientierte Nutzenkalkül und ersetzt es durch die Orientierung am staatlich versprochenen Vorteil. Schon bald tut der Bürger nicht mehr, was aus seiner Sicht sinnvoll ist, sondern was vom Staat belohnt wird. Eine Dauereinübung in Sinnlosigkeit.

Der Bürger wird mehr und mehr zum Reiz-Reaktion-Automaten, zur Marionette an den Fäden des großen Bewegers. Glaubt jemand ernsthaft, die vielen kleinen Demütigungen des Sichbeugens unter fremdem Steuerungswillen blieben folgenlos? Glaubt jemand ernsthaft, die Privilegierung wirtschaftlicher Torheit und sinnloser Anpassung an staatlich vorgegebene Moral habe keine Konsequenzen für die Mentalität der Bürger?

Die staatliche Bestechung verlangt, dass wir unsere Fähigkeit aufgeben, vernünftig und sachorientiert zu entscheiden. Das Steuerrecht gleicht damit einem politischen *Dopingsystem*, und das so manipulierte Verhalten ist ein »fremdes«, auf das »ich« nicht stolz sein kann. Es entfremdet mich von einem Leben, das nicht mein eigenes ist. Und für das ich mich »auszahlen« lasse – weil der Staat mich nötigt, etwas zu tun, was ich eigentlich nicht will. Deshalb fühlt sich der Bürger berechtigt, skrupellos Sozialsysteme auszubeuten – wann und wo immer es geht. Als Entschädigung für das »fremde Leben«.

Reise nach Absurdistan

Überzeugungen prägen nun nicht nur unser Handeln; unser Handeln prägt auch – umgekehrt – unsere Überzeugungen. »Wenn die Sozialpsychologie uns in den letzten 25 Jahren irgendetwas gelehrt hat, dann ist es die Tatsache, dass wir nicht nur dazu tendieren, durch unser Denken unser Handeln zu steuern, sondern auch durch unser Handeln unsere Art des Denkens zu steuern.« (David Myers) Wird das Verhalten kontrolliert, folgt der Geist. Wenn wir uns also in einer bestimmten Weise verhalten, passen wir unsere

Überzeugungen dem an. Irgendwann glauben wir dann nicht mehr, dass *wir selbst* wissen, was gut und richtig ist; *andere* wissen es besser. Irgendwann glauben wir zu wissen: Jeder ist käuflich; jeder ist korrumpierbar. Das Ergebnis: ein Bürger, der allen Seiten seine Bestechlichkeit andient. Bürgerstolz wird unterwandert von einer coolen Käuflichkeit. Das ist Dressur im Wortsinne, die Dressur des Menschen zum Zirkusäffchen: Es geht nicht mehr um ein *Handeln* im strengen Sinn des Wortes, sondern um ein *Verhalten*.

Welche Dramen sich unter dem Gütesiegel staatlicher Lenkung abspielen, kann man beispielhaft ablesen am Platzen der Ost-Immobilienblase – einst per Gesetz und Sonderabschreibungen staatlich verordnet. Sie riss klaffende Löcher in die Bilanzen von Banken, Versicherungen und Privatpersonen. Oder die Brüsseler Milliardensubventionen für den agroindustriellen Komplex: Sie haben aus ehemalig freien Bauern Prämienjäger gemacht, die den Verbrauchern einen Giftskandal nach dem anderen auftischen. Ebenso die »vermögenswirksamen Leistungen«: In den achtziger Jahren peppte der Gesetzgeber den »Förderkatalog des Vermögensbildungsgesetzes« kräftig auf und warb für hoch riskante Geldanlagen: stille Beteiligungen, GmbHs, Genossenschaften. Zehntausende Arbeitnehmer gingen Finanzvermittlern auf den Leim und verloren teilweise ihre gesamten Einlagen. Insbesondere mit neu gegründeten Baugenossenschaften machten dubiose Anbieter jahrelang hohe Gewinne – dank »Eigenheimzulagengesetz« und öffentlichen Subventionen. Als »Staatliches Finanzpräsent für alle Familien« heftig beworben, wirkten die Angebote für die Kundschaft – vor allem Niedrigverdiener mit mehreren Kindern – besonders vertrauenswürdig. Und für Drückerkolonnen besonders ertragssteigernd. Wenn »Vater Staat« acht Jahre lang mit Grund- und Kinderzulage fördert, dann muss das Geschäft doch in Ordnung sein, oder? Die Förderung machte blind für die betriebswirtschaftliche Substanz des Geschäfts. Nach acht Jahren war zumeist alles verloren; die Engagements endeten fast ausnahmslos mit Totalverlust des angelegten Geldes. Was auch sein Gutes hatte: Es wirkte wie eine Arbeitsbeschaffungsmaßnahme

Absender

Name / Vorname

Firma

Abteilung

Straße

PLZ / Ort

Wenn Sie regelmäßig unseren Newsletter erhalten möchten, nennen Sie uns hier bitte Ihre E-mail-Adresse.

Bitte freimachen falls Marke zur Hand

für »Verbraucherschützer«, die mit Nachfrage nach Beratung förmlich überrannt wurden. Auch sie – natürlich – staatlich gefördert. Wer redet dann noch davon, dass ein Keil zwischen alte und neue Genossenschaften getrieben und die über 100-jährige Tradition der Baugenossenschaft schwer beschädigt wurde?

Tiefstes Absurdistan ist auch die deutsche Bildungspolitik. Ihr vorrangiges Ziel ist es seit vielen Jahren, die Zahl der Studienanfänger zu steigern. Dafür wurden Instrumente eingeführt, die dem betriebswirtschaftlichen Denken entlehnt sind: »leistungsbezogene« Besoldung der Professoren, Zielvereinbarung, Stellenbeschreibung. Und immer mehr: der Wink mit der Geld-Möhre. Seitdem legt der »Curricula-Normwert« fest, wie viele Studenten jede Hochschule und jedes Fach aufnehmen müssen; die Zuweisung der Mittel gehorcht einzig diesem Kriterium. Die Konsequenz: Die Universitäten definieren sich ausschließlich über Studentenzahlen. Sie fühlen sich gezwungen, auch dort zu expandieren, wo es weder inhaltlich noch materiell gerechtfertigt ist. Die Qualität bleibt auf der Strecke. Doch darüber wird kein Wort verloren. Alle Lenkungsmechanismen stützen sich auf ökonomische Sekundärargumente und glauben irritationsfest an die Wunderwirkung des Geldes. Und der Grundgedanke der europäischen Universitätstradition, nämlich Politikfreiheit und Wirtschaftsferne – ab ins Antiquariat! Zur Erinnerung: Die DDR-Geschichte kannte das NÖSPL, das Neue Ökonomische System der Planung und Leitung. Mit ihm wurde den Organisationen Zielzahlen vorgegeben, deren Zweck darin bestand, die Kreativität der jeweiligen Einrichtungen zu beschränken, um stattdessen den Staatsdirigismus ins helle Licht paternalistischer Führung zu tauchen. Da sage noch einer, von der DDR könne man nicht lernen!

Es gibt einen alten Satz der Motivationspsychologie, der an Tiefe und Reichweite kaum zu überbieten ist: »Als wir den Sinn unserer Arbeit nicht mehr sahen, begannen wir über Motivation zu reden.« Wenn ein Handeln als sinnlos erlebt wird, resultiert daraus automatisch ein Motivationsproblem. Das Motivationsloch wird dann wiederum mit Bedrohen, Bestechen und Belohnen bekämpft. Und damit immer weiter vertieft. Die in weiten Teilen besinnungslos geführte Diskussion, den Staat wie ein Unternehmen zu führen, sollte sich *hier* an den Unternehmen ein Vorbild nehmen. Dort drehen die entsprechenden Bonus- und Incentivesysteme schon seit vielen Jahren leer. Man hält an ihnen fest, weil die Spätwirkungen nicht von jenen auszubaden sind, denen sie nutzen.

Fassen wir das Grundsätzliche zusammen: Alles, was Deutschland wieder nach vorne bringen könnte, hat etwas mit »Wollen« zu tun – Innovation, Bildung, Arbeitsplatzwechsel als Normalfall, Eigenantrieb, Risikofreude. Für die Anpassungsfähigkeit einer Gesellschaft ist diese Freiwilligkeit, das Pro-Aktive, die Entschiedenheit ausschlaggebend. Der Staat aber folgt der Logik der Fremdsteuerung; er verordnet uns permanent ein »Sollen«. Dadurch stirbt unser Selbstvertrauen als Kraftquelle unseres Handelns. Bestraft sind wir durch Belohnung: Wir handeln nicht mehr, weil wir ein Handeln für sachgerecht halten, sondern weil wir dem Steuervorteil folgen. Wir entscheiden nicht mehr, sondern wir *lassen* entscheiden. Statt *Wollen* regiert das *Sollen*.

Mangel an Selbstvertrauen charakterisiert nicht nur eine schwache Person. Es ist auch Symptom eines Zustands, in dem Menschen unaufhörlich schwanken zwischen ihrer eigenen Rationalität und den Verlockungen des steuerbewehrten Fremdwillens, zwischen Eigensinn und Anpassung. Unsere Gesellschaft weist deshalb eine kuriose Spaltung auf: Die Individuen halten sich für einzigartig, verhalten sich aber wie die Lemminge. Die Folge ist *Depression* – Melancholie plus Gleichgeschaltetsein, die Zerrissenheit zwischen dem Willen zum selbstbestimmten Leben und der Unmöglichkeit, dieses Projekt zu verwirklichen. Dabei geht es hier weniger um Medizinisches, mehr um Symbolisches. Der Groll richtet sich nach innen – Depression ist Autoaggression.

Eigenantrieb erlahmt

Erstes Beispiel: Leserbrief eines Schulleiters auf die PISA-Studie: »Solange uns das Land nicht die Ressourcen für echte Reformen bereitstellt, brauchen wir die PISA-Daten gar nicht erst zu diskutieren.« Hannemann, geh' du voran? Zweites Beispiel: Ich-AG bedeutet »Anschiebefinanzierung« von Personen. Nach allen heute zugänglichen Informationen nimmt man mit, was mitzunehmen ist – und wartet auf den nächsten Anschub. Wo bleibt die Gegenleistung? Drittes Beispiel: Langzeitstudenten erwecken häufig den Eindruck, als wollten sie sich mit ihrer Immatrikulation eher Ermäßigungen und Freifahrtscheine sichern, als ein Abschlusszeugnis zu erwerben. Studieren sie so lange, eben *weil* es Ermäßigungen und Freifahrtscheine gibt? Letztes Beispiel: die »Investitionsbeihilfen Ost«. Davon angelockt entscheiden sich Firmen für Ostdeutschland als Standort. Aber plötzlich klaffen im Haushalt des Landes Nordrhein-Westfalen riesige Löcher. Hervorgerufen durch Firmen, die sich gegen NRW und für den Osten entscheiden. Wie diese Löcher stopfen? Durch den »Länderfinanzausgleich«, der nunmehr Bayern und Baden-Württemberg zur Ader lässt und dort Protest erzeugt: »Warum strengen wir uns an, wenn wir anschließend um den Lohn unserer Arbeit gebracht werden?« Für Erfolg wird man bestraft. Schon bald erlahmt der Wille, besser sein zu wollen als die anderen. Eine empirische wirtschaftswissenschaftliche Untersuchung über »Die föderale Ordnung in Deutschland« hat ergeben, dass der Finanzausgleich zu Wachstumsverlusten führt: Jährlich gut 1,5 Prozent Wachstum werden dadurch nicht generiert.

Alle diese Beispiele haben etwas gemeinsam, was nicht sofort offen zutage liegt: den *Verdrängungseffekt*. Ein Begriff aus der Verhaltensbiologie. Diese Forschungsrichtung erklärt menschliches Handeln durch die beiden Einflussgrößen »Trieb« und »Reiz«. Der »Trieb« ist die innere Selbststeuerung des Menschen. Er antwortet auf die Frage »*Warum* handelt jemand?« Unter

»Trieb« werden daher Überzeugungen, innere Einstellungen, individuelle Werthierarchien, Prägungen und Sensibilitäten verstanden. Hingegen wird der »Reiz« als äußere Fremdsteuerung beschrieben. Er antwortet auf die Frage: »*Wie* kann man jemanden zum Handeln bewegen?« Der »Reiz« umfasst daher Lenkungen durch Macht, Geld, Kontrolle, Belohnung und Bestrafung jeder Art.

Beide Einflussgrößen sind nicht unabhängig voneinander, sondern wechselwirksam; sie stehen in einem sich bedingenden Verhältnis. Bei hoher Triebstärke ist kein äußerer Reiz notwendig, um eine Handlung auszuführen. Und umgekehrt: Je höher die Reizstärke, desto geringer die benötigte Triebstärke. Geht man von einer Normalverteilung beider Einflussgrößen aus, dann gilt: Wird der Außenreiz erhöht, dann sinkt der Eigenantrieb. Der Eigenantrieb wird *verdrängt* und durch den Außenreiz ersetzt. Schnell gewöhnt sich der Mensch an das Reizniveau, entwickelt immer neue Ansprüche, bis der Mensch bald ohne »Zusatz«-Reiz in der Tat eine geringere Leistungsbereitschaft zeigt. Er hat sich daran gewöhnt, verwöhnt zu werden. Er ist dann nur noch unter Stimulation durch ständig höhere und neue Botenstoffe beeinflussbar. Er bewegt sich nicht mehr; er wartet darauf, bewegt zu werden.

Seit über 35 Jahren sind die experimentellen Befunde verfügbar, die diese *negative* Beziehung zwischen Außenreiz und Eigenantrieb belegen. Diese Forschungen scheinen die Politik bisher nicht erreicht zu haben – sonst würde sie nicht in grotesker Weise den gesamten öffentlichen Dienst mit Anreizsystemen »modernisieren«. Wenn man den Verdrängungseffekt jedoch einmal kennt, begegnet man ihm überall:

Bonussysteme führen dazu, dass Mitarbeiter ihr Interesse vom Ziel abwenden und der Belohnung zuwenden;

Studenten, die anderen Studenten gegen Belohnung etwas beibringen sollen, sind deutlich weniger erfolgreich als Studenten, die es ohne Belohung tun;

Kinder, die sich ursprünglich für eine Aufgabe interessieren, verlieren ihr Interesse, wenn ihnen eine Belohnung in Aussicht gestellt wird.

Das kennen viele Eltern, die ihre Kinder mit Geld zu Schulaufgaben motivieren wollen. Kurzfristig funktioniert das. Langfristig aber wollen die Kinder nur noch gegen Geld Schulaufgaben machen. Und man hat ihnen beigebracht, dass Schulaufgaben etwas sehr Sinnloses sind.

Der staatliche Eingriff läuft genau in diese Falle. Steuerpolitisch und wohlfahrtsstaatlich wird ein ökonomisches Interesse begründet, das dazu verführt, den Weg selbstverantwortlicher Lebensgestaltung zu verlassen. Bald hängt der Bürger am Staat wie der Junkie an der Nadel.

Denn staatliche Lenkung nährt die Illusion, man brauche für vieles nicht mehr selbst zu sorgen, man brauche nicht mehr selbst zu entscheiden, ja man brauche nicht einmal mehr selbst nachzudenken. Langfristig führt das dazu, dass sich die Menschen nicht mehr auf sich selbst verlassen, sondern auf den Staat. Entsprechend laden Belohnungen den Menschen nicht dazu ein, an sich selbst zu glauben, sondern an den Staat. Die Menschen verlernen die Fähigkeiten, unabhängig vom Staat zu handeln. Sie gewöhnen sich an öffentliche Leistungen, pochen auf Rechte und vergessen die Pflichten, werden abhängig von der täglichen Infusion, überdehnen den Anspruch auf Solidarität und Umverteilung. Die Gängelung zerstört systematisch das Vertrauen der Menschen in die eigene Kraft; sie höhlt ihre Überzeugung aus, *selbst wirksam* sein zu können. So erzeugt man Unzufriedenheit, immer höhere Ansprüche, immer weniger Eigeninitiative. Reaktion statt Aktion. Warten statt Handeln. In einem Wort: Das staatliche Lenkungsverhalten ist die planvolle Herbeiführung von Antriebslosigkeit.

Was aber bei Fremdsteuerung zuerst stirbt, ist das Gefühl, in gewisser Hinsicht sein eigener Herr zu sein. Jede Form von Fremdsteuerung schwächt das Gefühl der Menschen, ihr Leben im Griff zu haben. Deshalb die verbreitete parasitäre Lebenseinstellung. Wir erleben die uns drängenden Probleme nicht mehr primär als von uns selbst zu lösende, sondern als von anderen zu bereinigende. Es gilt als selbstverständlich und sogar »gerecht«, die Folgen des eigenen Tuns und Lassens »solidarisch« auf das Kollektiv abzuwälzen, die Verantwortung für das eigene Leben allen anderen aufzubürden. Aus dem Staat als Ausgleichsstelle für schwere Schicksalsschläge ist der große Versorger breiter Bevölkerungsteile geworden. Der Ruf nach dem Staat erfolgt reflexhaft – noch bevor der Einzelne sich überlegt, wie er sich selbst helfen könnte. Das Abwälzen der Probleme auf »die anderen« offenbart die Langzeitschädigung durch eine verinnerlichte autoritäre Struktur, die ein interventionistischer Staat mit immer neuen Bevormundungen zementiert. Das gilt sogar für die Sprache: Germanisten wissen, dass die deutsche Sprache ihre wunderbare Gabe zur Anverwandlung fremder Einflüsse in dem Augenblick verlor, in dem sie unter die nationalstaatliche Kuratel kam.

Das also ist meine zentrale These: *Das grassierende Opferbewusstsein ist staatlich induziert.* Es lässt sich aus einer Überbetonung staatlicher Fremdsteuerung herleiten. Unsere Gesellschaft wird durch die Symbiose von Steuer-Planwirtschaft und Ingenieurspädagogik sukzessiv zur Drogenszene, in der der Staat der Dealer und die Bürger die Junkies sind. Oder seriöser: Wir sind nur noch Nehmer, keine Geber mehr. Und wenn dann jemand sagt, etwas sei nicht finanzierbar, sprechen wir von »sozialer Kälte«. Ein sprunghaftes Mitleid mit uns selbst und unseren Mitbürgern ist sofort abrufbar, sobald uns ein Stadttheater oder ein Krankenhaus weggenommen werden soll.

Ich beschreibe hier nicht die Auswirkung dieser oder jener Tagespolitik. Ich beschreibe ein grundsätzliches, tief wurzelndes Problem, dessen Auswirkungen wir zwar aktuell überscharf spüren, dass aber schon lange sein Gift verbreitet. Wer konditioniert wurde, bewegt zu werden, bewegt sich nicht mehr. Wer wundert sich darüber, dass die Deutschen auf den staatlichen Beweger warten? Ob dies beabsichtigt ist, darüber mag man streiten. Die Politik in Deutschland lebt allerdings nicht vom Erfolg, sie lebt vom Scheitern; sie lebt vom Elend, nicht vom Wohlstand; sie braucht Unzufriedene, sonst ist ihre Existenz gefährdet. Das Lamentieren der Politiker über Anspruchsdenken und fehlende Selbstverantwortung ist jedenfalls pharisäerhaft: Mit der Dauerbevormundung erzeugt der Staat exakt das Verhalten, das er nachher beklagt.

So hat Helmut Kohl 1989 nicht nur wirtschaftlich alles falsch gemacht, sondern auch politisch. Natürlich hat er den geschichtsträchtigen Gewinn eingeheimst, die historische Chance zur Wiedervereinigung genutzt zu haben. Das macht ihm niemand streitig. Aber dann hat der bürokratiebewehrte West-Imperialismus den deutschen Osten mental enteignet und treuhänderisch gedeckelt. Nach der Wende ernteten die ehemaligen DDR-Bürger nicht nur Bananen, Reisefreiheit und Westautos, ihnen wurden auch über 80 000 Paragraphen deutscher Gesetze und Rechtsverordnungen übergestülpt. Viel persönliche Initiative wurde so erstickt – etwas, was die 40-jährige DDR-Zeit bis dahin schadlos überstanden hatte. Die historisch beispiellose Subventionierung hat zudem nicht nur ein Fass ohne Boden geschaffen, sondern vor allem die Überzeugung der *Selbstwirksamkeit zerstört.* Deshalb fehlen im Osten selbstständige Gewerbetreibende und mittelständische Unternehmen noch weit mehr als im Westen. Wozu auch sich anstrengen, wenn die Gelder weiter fließen? Da gibt es Länder wie Litauen, Lettland und Estland, die gewaltige Transformationsprozesse ohne staatliche Hilfen bewältigen mussten; sie zeigen, dass die Alternative zum alimentierten Aufbau keineswegs Armut und Agonie sein müssen, sondern ein Wachsen aus *eigener* Kraft – der Wirtschaft wie des Selbstbewusstseins.

Wer Staat sät, wird Ohnmacht ernten

Unser Wohlstand hängt von unserer Wettbewerbsfähigkeit ab. Und diese wiederum im Hochlohnland Deutschland von der Innovation. Was aber ist die Voraussetzung für einen gut funktionierenden Innovationswettbewerb? Ganz einfach: Pleiten. Das Scheitern des Wettbewerbers. Pleiten lassen falsche Geschäftsmodelle und falsche Produkte vom Markt verschwinden. Alle Innovation lebt davon, dem Wettbewerber Marktanteile abjagen zu können. Nur dann lohnt es sich, in den langen und unsicheren Prozess der Innovation zu investieren. Wenn aber dieser Erfolg nicht möglich ist, weil der weniger innovative Konkurrent auf Staatshilfe rechnen kann – warum sollte sich der Innovator anstrengen? Es ist dann möglich, im Markt auch mit schwachen Produkten zu bestehen. Diesen Effekt hat die Subvention. Die innovativen »Arbeitsplatzbeschaffer« gehen woanders hin, die defensiven »Arbeitsplatzerhalter« breiten sich aus. Von allem, was subventioniert wird, gibt es hinterher mehr: mehr Milch, mehr Kohle, mehr Armut, mehr Arbeitslosigkeit, mehr notleidende Unternehmen. Und das Publikum beginnt, Hilfeleistungen für selbstverständlich zu halten. Und wenn sie ausbleiben, wird rechts- oder linksextrem gewählt.

Nehmen wir stellvertretend für viele Großunternehmen das Beispiel Siemens und dessen Drohung, viele Tausend Arbeitsplätze in den europäischen Osten zu verlagern. Die Volksseele kocht: »Erst Subventionen abgreifen und dann abhauen, das haben wir gerne!« Was nicht gesehen wird: Eben *weil* durch Subventionen Produkte verbilligt wurden, konnte Siemens überhaupt so lange die Arbeitsplätze in Deutschland belassen. Die Produkte waren von vorne herein nicht marktfähig, mussten künstlich wettbewerbsfähig gemacht werden. Jetzt, wo die staatliche Unterstützung nur noch tröpfelt, tritt die Wahrheit ungeschminkt hervor: Die Arbeitskosten sind zu hoch, um im Wettbewerb zu bestehen. Der staatliche Eingriff hat nur die Potemkinschen Dörfer der Wettbewerbsfähigkeit mühsam aufrechterhalten. Auf Kosten anderer, lebensfähiger Wettbewerber. Auch der Sozialismus kannte keine Pleiten – das Ende des Liedes kennt jeder. In Deutschland hat man vergessen, dass ein Leben nur dann glücken kann, wenn es auch scheitern kann. Wer nicht sterben kann, kann auch nicht leben.

Wer Staat sät, wird Ohnmacht ernten. Das gilt für Unternehmen, das gilt auch für den Einzelnen. Wenn der Einzelne nicht mehr scheitern kann, dann kann er auch nicht wieder neu beginnen. Wenn der Staat bis ins Detail uns die Wege vorgibt, auf denen wir uns bewegen sollen – von den hoch normierten Lehrmethoden in der Grundschule bis zu den tariflich betonierten »Normalarbeitsverhältnissen« im Betrieb – dann kann der Einzelne seine *eigenen* Wege nicht finden, gar er-finden. In einer Zeit, in der wir nicht mehr von einer stetigen beruflichen Entwicklung »von der Wiege bis zur Bahre« ausgehen können, ist aber genau das überlebenswichtig. Das Übermaß staatlicher Fürsorge verhindert, dass wir das »wiederholte Neubeginnen« trainieren. Es verhindert, dass wir die Abweichung von der Norm, die Abzweigungen und Umwege schätzen lernen – anstatt sie zu fürchten.

Die neuere Forschung – vor allem der beiden Nobelpreisträger Daniel Kahneman und Amos Tversky – ist da eindeutig: Je mehr Menschen sich versorgt fühlen, um so mehr meiden sie Veränderung. Sie sind in dem Maße unbeweglich, in dem sie etwas verlieren können. So lange Menschen einen insgesamt positiven Status zu verteidigen haben, sind sie risikoscheu. Die Bequemlichkeitsfalle: Der Staat ist dafür da, dafür so sorgen, dass es mir gut geht! Ja, im Grundgesetz steht: Er hat soziale Not zu *lindern*. Soziale Not lindern, das ist etwas anderes, als es sich bequem zu machen.

Fragen wir nochmals grundsätzlich: Warum strengen sich Menschen an? Warum wollen sie etwas leisten? Wenn wir die reine Freude am Tun einmal beiseite lassen, dann bleiben zwei Motive: die *Furcht vor Armut* oder die *Erwartung von Reichtum*. Beides ist gesellschaftlich planmäßig geschwächt worden, bisweilen sogar abgeschafft. Eintragung in den staatlichen Lehrplan: »Entkoppele Leistung von Einkommen – und niemand hat mehr Lust, sich anzustrengen.« Die volkspädagogische Zudringlichkeit denkt sich daher ständig Bedrohungen und immer neue Ungerechtigkeiten aus, um aktiv werden zu können. Und wenn es nur die »relativen Benachteiligungen« sind. Denn den Deutschen geht es nicht gut, wenn es ihnen gut geht, sondern schlecht, wenn es anderen besser geht. So haben wir uns daran gewöhnt, dass unsere Wünsche erfüllt werden und allmählich zu Rechten werden. Stolz ist man kaum noch auf das, was man hat und geleistet hat, sondern auf das, was einem *zusteht*. Die Leistung anderer erzeugt bei uns nicht Respekt, sondern Neid.

Wohlfahrtspolitik ist deshalb Neidbeschwichtigungspolitik. Das ist bekannt. Interessant aber ist die Richtung des Umerziehungsplans. Nicht etwa der Neidische soll seine Einstellung überprüfen, nicht etwa der Missgünstige soll sich zähmen, nicht etwa der Scheelblickende soll sich überwinden und dem Erfolgreichen seine Anerkennung zollen – für Menschen katholischen Glaubens ist Neid immerhin eine Todsünde. Nein, ändern soll sich das Opfer des Neids. Der Erfolgreiche soll sich schämen, soll sich schuldig fühlen. Und er ist ja auch schuld – schuld am Neid der anderen. Wenn er sich dann schämt, nennt man das »sozialverträglich«. Das hat fatale Folgen. Vor allem für die Neider. Die wollen das aber nicht wissen. Ihnen ist es wichtiger, dass der Erfolgreiche leidet, auch wenn sie selbst indirekt erhebliche Nachteile davon haben. Ob die Deutschen jemals lernen, dass das Herz nur so lange links schlägt, wie der Quark rechts dreht? Ja, es ist einfach, auf abstrakte Weise mit den Unglücklichen zu sympathisieren. Aber was ist mit Sympathie für die glücklichen Menschen, was ist mit der Bewunderung für die Erfolgreichen, was ist mit Freude über das Gelingen? Erfordert es nicht größeres seelisches Engagement, weil es uns zwingt, gegen den Neid anzukämpfen? Wenn wir Deutschland wieder nach vorne bringen wollen, dann müssen uns Neid und Eifersucht anspornen, *selbst besser* zu werden. Sie dürfen nicht Ansporn sein, anderen etwas wegzunehmen.

Fürsorge schwächt

Ich fahre über eine norddeutsche Autobahn und höre Radio. Irgendwo ist die Schweinepest ausgebrochen. Ein Schweinebauer wird interviewt. O-Ton, empört: »Dafür kommt ja auch niemand auf!« Fast beiße ich ins Lenkrad. Entschuldigung – *wessen* Schweine sind das?

Es gibt in Deutschland eine riesige Sozialindustrie von Parteien, Politikern, Bürokraten, Anwälten, Stellvertretern und Vormunden, die davon leben, Gutes zu tun – im eigenen Namen, aber auf fremde Kosten. Begründet wird das mit der »Fürsorgepflicht«. Der Staat wird dabei gedacht als eine Institution, die die Beziehungen zwischen mehr oder weniger Lebensfähigen strukturiert. Die »Menschen nicht im Regen stehen lassen«, vor den »eisigen Winden der Globalisierung schützen«, »die starken Schulter belasten, die schwachen entlasten« – das sind Redewendungen, die auf eine Schutzfunktion des Staates verweisen.

Unstrittig dürfte sein, dass jeder Mensch immer wieder in die Lage kommt, auf die Hilfe anderer angewiesen zu sein. Andere zu achten heißt auch, ihre situative Hilfsbedürftigkeit anzuerkennen. *Bedingungslos* gilt dies allerdings nur gegenüber Kindern und extrem Notleidenden, eben solchen Menschen, die ihre Ansprüche und Interessen nicht artikulieren können. Ist das die Mehrheit? Gilt das auch für Menschen, die für sich und ihre Familien täglich zahllose zukunftsbezogene Entscheidungen fällen, die Häuser bauen, Politiker wählen und abwählen, Militärdienst leisten, Kinder erziehen, Freundschaften pflegen, ihren Hobbys nachgehen, ihre Autos durch den dicksten Verkehr steuern und zum Teil umfangreiche und organisatorisch anspruchsvolle Aufgaben im Vereinsleben ihrer Heimatgemeinde wahrnehmen?

Fürsorgliches Verhalten hat immer einen Zug zur *Entmündigung*. Wenn der Staat »sich der Sache annimmt«, hat der Bürger nicht die Chance, das Problem selbst zu lösen. Er erhält nicht die Möglichkeit, selbstständig zu handeln, vielleicht sogar an seiner Herausforderung zu wachsen. Zudem ist Fürsorge eine *einseitige* Zuwendung. Sie definiert ein asymmetrisches Verhältnis, das zunächst nicht auf Gegenleistung reflektiert. Das hält, gewollt oder ungewollt, den anderen in Abhängigkeit. Er spürt Schuld und

Druck. Er kann nicht zurückgeben, muss dankbar sein, spürt, dass dieses Konto niemals ausgeglichen werden kann. Die Politik erfreut sich an der Rolle dessen, der mehr gibt als nimmt: »Du sollst dich verpflichtet fühlen!« Damit gewinnt man Wahlen. Ich sage es frei heraus: Es ist widerwärtig, auf Kosten anderer großzügig zu sein und dafür Dank einzustreichen.

Väter und Mütter wissen, wie verführerisch es ist, den eigenen Söhnen und Töchtern in einer Notlage »unter die Arme zu greifen« – selbst wenn die Kinder schon erwachsen sind und sich eigentlich selbst helfen könnten. Aber nur wenige Eltern widerstehen dem einladenden Gefühl, »gute« und »hilfreiche« Menschen zu sein, wohlwissend, dass sie ihre Kinder damit schwächen und von immer neuer Hilfe abhängig machen. Psychopathologisch verweist die Fürsorge daher auf den Wunsch, von anderen gebraucht, gar geliebt zu werden. Das reicht gesellschaftlich bis zum aggressiven Bedürfnis, sich über sozial Schwache mitleidvoll erheben zu können. Die eitle Selbstdarstellung des Beschützers: Wer sich in seiner gütigen Vater- bzw. Mutterrolle gefällt, muss alles tun, um erwachsenes Verhalten der Bürger zu verhindern. Die Benachteiligten werden Mittel zum Zweck: die Mildtätigen aufzuwerten und zu ernähren. Das alles erklärt, warum manche Gefallen daran finden, vom Opfer gebraucht zu werden – schon Rousseau hat diesen Zusammenhang bemerkt. Wieder begegnet uns nicht Edelmut, sondern Machtwillen. Der Helfer wird auf Kosten der Opfer gestärkt. Hans-Georg Gadamer hat dieses Problem in *Wahrheit und Methode* trefflich beschrieben: »Insbesondere die Dialektik der Fürsorge macht sich auf diese Weise (der Entmündigung, RKS) geltend, indem sie alle mitmenschlichen Verhältnisse als eine reflektierte Form des Herrschaftsstrebens durchdringt.« Politiker, die das Volk nicht lieben, entwickeln Fürsorglichkeit.

Der Subventions- und Schutzstaat produziert mithin einen Effekt, der im Vorhinein nicht vorgesehen war: die Konstituierung eines Opfermilieus. Ungefähr seit den achtziger Jahren des vorigen

Jahrhunderts aber wird dieser unfreiwillige Effekt wieder nutzbar gemacht. Der leere Raum wird wieder aufgefüllt, das Negative ins Positive gekehrt: Das Milieu der Opfer wird für diverse politische Zwecke genutzt. Das ist ein Kreislauf, der sich selbst in Gang hält: sich selbst als Opfer erleben und Ansprüche erheben an Organisationen, die Opfer brauchen, um zu existieren. Ihn zu durchbrechen ist für beide Seiten unbequem und unerwünscht. Geht das so weit, dass die Organisationen die Opfer selbst erzeugen? Erschaffen sie sich *absichtlich* Opfer, um tätig bleiben zu können? Darüber mag man streiten. Aber *faktisch* ist ihre Wirkung so. Es gibt jedenfalls nicht wenige Institutionen, die die gelernte Hilflosigkeit der Menschen zwar tränenreich beweinen, ihr aber ihre Existenz verdanken. Diese tyrannische Fürsorge kann man daran erkennen, wie der Helfer reagiert, wenn seine Hilfe abgelehnt wird. Im Ruhrpott-kumpel-O-Ton: »Anton«, sachtä Cervinski für mich, »mitti Baamhärzichkeit issatt ja sonne Sache. Da kannze ja manchma richtig fiesen Ärger mit kriegen.«

Für diese Gedanken gibt es keine Orden, höchstens Bußgelder. Ja, Empörung ist die häufigste Reaktion. Viele wohlmeinende und ehrlich bemühte Politiker fühlen sich missverstanden, ungerecht behandelt. Aber auch ihr ehrlich wohlmeinender Paternalismus ist blind für den bevormundenden Modus seiner Beziehung zum Menschen. Er hat die patriarchalische Struktur nur »netter« gemacht.

Es ist schon einigermaßen widersinnig, dass jene, die hartnäckig auf dem Gleichheitsgrundsatz beharren, gleichzeitig an der schiefen Beziehung der Fürsorge festhalten. Wichtig ist: Fürsorge und Gleichbehandlung schließen sich wechselseitig aus. Ist der Bürger ein gleichberechtigter Partner, dann sind geeignete Beziehungsqualitäten: Respekt, Distanz und Achtung. Verantwortung heißt dann auch Nichteinmischung, zumindest ein höheres Maß an zugemuteter Selbstverantwortung. Gegenüber Personen, die ihre Interessen artikulieren können, verbietet sich jede Fürsorglichkeit. Und man hilft den Armen nicht, wenn man dafür sorgt, dass sich Armut lohnt. Nur eine humorlos entschlossene Menschenbeglückungsideologie wird das missverstehen wollen. Man kann zwar Uhl und Nachtigall verwechseln, nicht aber Vogel und Vogelscheuche.

Die Peitsche der Diskriminierung und das Zuckerbrot der Toleranz

Eine Sonderform der Fürsorge ist der *Schutz*. Die Begründungen für Schutz klingen gut: Arbeit, Gesundheit und Umwelt seien »kein Gut wie jedes andere«. Vor allem aber müsse man die »Schwachen« vor der Ausbeutung durch die »Starken« schützen. Lassen Sie sich nicht von Gesinnungsnötigung blenden! Vor allem bei dem Wort »Schutz« aus Politikermund sollten sämtliche Alarmglocken klingeln. Aus drei Gründen: Erstens – Unter dem Deckmantel des Sozialen werden hier vor allem eigene Interessen durchgesetzt. Zweitens – Gerade viele Bereiche, die man glaubte schützen zu müssen, sind regulative Desaster: Beispiele sind Arbeitsmarkt und Gesundheit. Drittens und am wichtigsten – Der Schutz erweist sich oft als kontraproduktiv. Seit langem ist das zu beobachten: *Fast jeder Schutz wendet sich gegen die zu Schützenden.*

Schutz der Behinderten: Das leicht mongoloide Mädchen, dass der Restaurantbesitzer eigentlich gerne in der Küche eingesetzt hätte – es wird nicht beschäftigt, weil es praktisch unkündbar ist. Wem nützt dieser Schutz – außer den Schützenden? Auch Schwerbehinderung ist von Vorteil: Von den 170 Mitarbeitern der Siemens-Netzwerksparte ICN, denen im Sommer 2003 betriebsbedingt gekündigt werden sollte, hatten 70 beim Versorgungsamt einen Schwerbehindertenausweis beantragt, der einen unüberwindlichen Kündigungsschutz garantiert. Alle ganz plötzlich, überraschenderweise, und alle noch rechtzeitig, um die Entlassung zu verhindern. Was glauben Sie, hat das für Konsequenzen bei der nächsten Entscheidung des Unternehmens, ob es in Deutschland oder im Ausland produzieren soll?

Schutz der Arbeitnehmer: Nach einer repräsentativen Umfrage des Instituts der deutschen Wirtschaft vom Herbst 2003 ist der Kündigungsschutz die Beschäftigungsbremse schlechthin: 57 Prozent der befragten Unternehmen haben deshalb auf Neueinstellungen verzichtet; 70 Prozent würden nach einer durchgreifenden Lockerung neue Arbeitsplätze schaffen. Arbeitslosigkeit wird zum unvermeidbaren Kollateralschaden staatlicher Sicherung. Als Folge sank die Beschäftigungsquote in Deutschland auf 65 Prozent (in Dänemark 75, in der Schweiz 79 Prozent). Cui bono? Wem nützt dieser Schutz? Jedenfalls nicht den Arbeitslosen. Wer den Ausgang verstopft, verstopft auch den Eingang. Und noch etwas: Wer für den allfälligen Verlust des Arbeitsplatzes entschädigt wird, verwendet weniger Mühe darauf, den Verlust zu vermeiden.

Schutz der Niedrigqualifizierten: Wenn man Mindestlöhne einführt, um die Arbeitnehmer vor »Ausbeutung« zu schützen, welche Konsequenzen hat das? Erstens: Es wäre absurd zu glauben, dass derjenige, der bisher keine Arbeit hat, sie jetzt bekommt, weil ein Gesetz den Arbeitgeber zwingt, einen höheren Lohn zu zahlen. Zweitens: Einige Arbeitgeber werden nicht mehr in der Lage sein, diese Löhne zu bezahlen; das heißt, diese Arbeitnehmer werden arbeitslos. Drittens: Wenn ein Faktor teurer wird, dann wird man nach Ersatzmöglichkeiten suchen. Die einfachen Arbeiten, die durch den Mindestlohn geschützt werden sollen, sind am ehesten zu ersetzen. Weshalb auch diese Arbeitsplätze wegfallen. Zusammengefasst: Setzt man Mindestlöhne zu niedrig an, nützen sie nichts; setzt man sie zu hoch an, kosten sie Jobs. Gibt es ein »richtiges« Ansetzen? Nein, denn viertens gilt: Einige Arbeitgeber werden die höheren Löhne bezahlen können, stellen nun aber auch höhere Anforderungen an die Arbeitskräfte. Die Nachfrage verschiebt sich auf Höherqualifizierte. Geringqualifizierte, die diese Arbeit eigentlich auch erledigen könnten, bleiben auf der Strecke. So sorgt insgesamt der Mindestlohn für mehr Arbeitslosigkeit und trifft vor allem jene, die er zu schützen vorgibt.

Schutz der Frauen: Als studentische Hilfskraft war ich vor vielen Jahren Mitglied einer Berufungskommission für eine Hochschulprofessur. Für den Probevortrag wurden nur Männer eingeladen. Hatten sich keine Frauen beworben? Doch, aber die wurden neben Behinderten und formal Unqualifizierten von vornherein ausgesondert. Begründung: »Wenn wir eine Frau einladen, haben wir sofort die Frauenbeauftragte auf der Matte. Dann wird es fast unmöglich, diese Bewerberin nicht zu nehmen. So aber können wir ihr sagen, es habe leider keine qualifizierten Bewerbungen von Frauen gegeben.« Nützt dieser Schutz den Frauen? Haben sich seit den Gleichstellungsgesetzen die Chancen der Frauen auf dem Arbeitsmarkt verbessert? Ebenso der in Deutschland sehr weitgehende Mutterschutz: Er mag sympathisch sein und von guten Absichten getragen. Aber er ist einer der Gründe, weshalb die Erwerbsbeteiligung von Frauen etwa 15 Prozent niedriger liegt als in allen vergleichbaren Ländern.

Schutz der Familie: Der Staat scheut sich nicht, junge Menschen mit Steuervergünstigungen vor den Traualtar zu locken. Aber schon lauert die nächste Falle: das Ehegattensplitting. Es lässt den Steuervorteil am höchsten ausfallen, wenn der eine Ehepartner viel verdient, der andere möglichst gar nichts. Die implizite Botschaft: Mann in die Welt, Frau an den Herd! Eine steuerlich antrainierte Form von Arbeitsteilung. Das Dumme ist, dass der eine Partner durch die Berufserfahrung seine Marktchancen mehrt, der andere sie aber mit der Zeit einbüßt. Beide Partner driften auseinander. Und dann trifft der eine einen neuen, interessanten Partner, der – wie er – mitten im Leben steht, sich ebenfalls entwickelt hat … Falls die Eheleute sich jetzt trennen, sind die wirtschaftlichen Möglichkeiten des einen Partners wesentlich schlechter. Einspruch: Aber verteuern die Scheidungsgesetze die Trennung nicht und erschweren sie damit? Nur für diejenigen, die ihr Einkommen nicht herunterrechnen können. Die Forschung zeigt, dass das Scheidungsgesetz als Instrument, Ehen zusammenzuhalten, nahezu wirkungslos ist (und übrigens auch wirkungslos sein sollte!). Falls dann geschieden wird, greifen wieder die Anreize der einkommensabhängigen Unterhaltszahlungen. Wer die eine Hälfte seines Einkommens versteuert, die andere Hälfte an seinen ehemaligen Partner abtreten muss, wird nicht gerade ein hohes Einkommen erzielen wollen. Schon gar nicht offiziell. Abermals Einspruch: Aber was ist denn mit dem besonderen »Schutz« von Ehe und Familie, den das Grundgesetz garantiert? Eben. Auch dieser Schutz wendet sich gegen das zu Schützende. Das Ehegattensplitting zementiert die traditionellen Geschlechterrollen. Es ist frauenfeindlich und schwächt Ehen weit mehr, als es sie schützt.

Verbraucherschutz: Betrachten wir stellvertretend die »Verbraucher« von Transportleistungen: Fluggäste. Sie sind vor Verspätungen zu schützen. Sagt die EU. Das Mittel dazu: Geld. Bei Verspätung gibt es etwas bar auf die Hand. Auch hier lässt man nicht den Markt entscheiden, man lässt den Kunden nicht die Wahl, pünktliche Airlines zu buchen, nein, der Passagier hat jetzt einen Entschädigungsanspruch, egal aus welchem Grund der Flug verspätet ist. Nehmen wir an, der Pilot eines Jumbos, der von Düsseldorf nach São Paulo und wieder zurück fliegen will, entdeckt auf dem Hinflug ein kleineres technisches Problem. Die Technik sagt ihm, dass die Reparatur sechs Stunden dauern würde, was laut EU-Richtlinie pro Passagier 600 Euro kosten würde. Das sind bei 350 Passagieren hin und zurück schnell mehrere Hunderttausend Euro. Was glauben Sie: Wird der Pilot die Reparatur ausführen lassen? Welche Konsequenzen kann dieser »Verspätungsschutz« für Fluggäste haben?

Anlegerschutz: Wir haben in den letzten Jahren erlebt, dass unternehmerische Eigentümerschaft sich immer mehr zum »Investment« wandelte, ja zum »Spieleinsatz« wurde, dessen Gewinninteresse nicht mehr durch Besitzerstolz und Verantwortung geadelt ist. Wir haben gesehen, wie die Aktienoptionspläne die Interessen der Manager mit denen der Investoren kurzschlossen und damit eine immense »Gestaltungskreativität« erzeugten – was letztlich auf Selbstbereicherung des Managements zulasten der (Alt-)Aktionäre hinauslief. Wir haben gute Gründe zu vermuten, dass die umgreifende Fusionitis ökonomischen Sinn vor allem in den Brieftaschen der Topmanager macht, betriebswirtschaftlich hingegen äußerst fragwürdig ist. Wir mussten zur Kenntnis nehmen, wie inkompetent und rücksichtslos Unternehmensführer sein können: im Falle Tyco, Enron, Worldcom, Schneider, Flowtex mit zum Teil krimineller Energie. Vor diesem Hintergrund ist der Schutz der Anleger in der letzten Zeit geradezu hysterisch ausgefüttert worden; die entsprechende Bürokratie übersteigt alle bisher vorstellbaren Dimensionen. Insbesondere die Aufsichtsräte wurden mit einem Wust von Kontrollpflichten und Regularien überzogen. Das hat die Empörten kurzzeitig beruhigt. Aber hat es auch die Anleger geschützt? Zunächst einmal kostet die wuchernde Bürokratie Geld. Das zahlt der Anleger. Auch die überschießenden Versicherungsprämien für die Kontrollgremien fallen ihm zur Last. Das Wichtigste aber: Das *Haftungsrisiko* ist für Aufsichtsräte in einer Weise gestiegen, dass viele Manager nur noch abwinken. Gerade die besten unter ihnen sind immer seltener bereit, für die vergleichsweise geringe Aufwandsentschädigung ein solch hohes persönliches Risiko einzugehen. In den USA hat man mittlerweile große Mühe, die »boards« überhaupt noch zu besetzen. Und auch in Deutschland wird es immer schwieriger, wirklich qualifizierte Leute für diese Aufgabe zu gewinnen. So wandelt sich der Anlegerschutz, der Qualität sichern soll, zur regulatorischen Drohkulisse, die Qualität verhindert.

Schutz von Minderheiten: Die Behörde der »Integrationsbeauftragten« Marieluise Beck sorgt sich auch darum, was der Bürger lesen soll. In einem Brief an den Verlag Hoffmann und Campe (26.04.2004) wird eine CD mit einem Text Walter Benjamins über »Die Zigeuner« als »problematisch« eingestuft. Der Text sei geeignet, »Stereotype und Vorurteile ... zu betonen«, weshalb man empfehle, von einer weiteren Veröffentlichung abzusehen. Außerdem heißen die Zigeuner ja auch nicht Zigeuner, sondern »Sinti«. Oder »Roma«? Die »politische Korrektheit« – hier hat sie sich zur gesinnungsethischen Inquisition gewandelt. Für diesen Befund spielt es keine Rolle, dass Benjamin Jude war und sich auf der Flucht vor den NS-Schergen selbst tötete. Aber der Bürger soll gut sein. Bei ihm soll alles in Ordnung sein. Dazu gehört vor allem die korrekte Wortwahl. »Neger«, das darf man heute nicht mehr sagen, das heißt heute – wie? Dunkelhäutiger? Farbiger? Afro-Amerikaner? Zur Krankheit der politischen Korrektheit gehören aber auch die einwandfreien Gefühle, das richtige Mitleid, der angemessene Gerechtigkeitssinn. Schnell wird da zum »Ausländerfeind«, wer gegen uferlose Einwanderung ist, zum »Rassisten«, wer sich gegen naiven Multikulturalismus wendet, zum »Neoliberalen«, wer sich gegen einen eskalierenden Sozialstaat stemmt, zum »Kriegshetzer«, wer kein militanter Pazifist ist. Und wie kann man Sexualität unterdrücken, die jetzt zur »sexuellen Belästigung« parodiert ist? Alles das lähmt, dämpft die Unbefangenheit, lässt die freie Rede verebben. Man belehrt sich gegenseitig über sprachliche Tretminen, man mahnt und warnt, bis jede spontane Zuwendung verebbt ist. So wandelt sich der Schutz von Minderheiten zum Schutz *vor* Minderheiten.

Schutz bei »Diskriminierung«: Einige Versicherungen verlangen von Männern einen HIV-Test, falls diese einen Mann als Bezugsberechtigten im Todesfall angeben. Aber gemach, die Sankt-Georg-Ritter warten schon. In Gestalt einiger Grünen (die schon seit jeher die Familie durch den Staat ersetzen wollten) und der Bundesanstalt für Finanzdienstleistungen kämpfen sie für ein Antidiskriminierungsverfahren. Das sei nicht zulässig, heißt es nun, das sei Geschlechterdiskriminierung. Aber was tun die Versicherungen da so Böses? Sie benutzen ihr Eigentumsrecht zum Wohle ihrer Kunden. Das bedeutet, dass sie gewisse Menschen einschließen und andere ausschließen, einige versichern und einige nicht, einige Risiken für kalkulierbar halten und andere nicht, einige Dienstleistungen verteuern und andere verbilligen. Sonst würden sie schlicht ihren Job nicht machen. Was ist daran zu beklagen – bis auf die Tatsache, dass es Menschen nicht im Standardformat gibt? Es gibt sie skandalöserweise als männliche und weibliche Ausgabe.

Aber auch für Männer und Frauen hatte die Versicherungswirtschaft unterschiedliche Prämien festgelegt. Warum? Man hatte erkannt, dass ihre Risiken versicherungsmathematisch unterschiedlich zu gewichten sind. Das sei, so die Begründung, im Interesse einer fairen Risikoabwägung gegenüber den Kunden. Nix da, befand die EU-Sozialkommissarin Diamantopoulou, das sei ein klarer Fall »geschlechtsspezifischer Diskriminierung«. Und verordnete per Dekret künftig Unisextarife. Danke für die Vorlage, meinte die Bundesregierung und schwenkte auf die Gleichschaltungs-Hardliner ein. Das »Antidiskriminierungsgesetz«, seit mehreren Jahren in der Warteschleife, will Diskriminierung von Rasse und ethnischer Herkunft, Religion, Behinderung und Alter, Geschlecht und sexueller Orientierung verhindern. Wie immer klingt das gut, dagegen ist auf der Absichtsebene kaum etwas zu sagen. Und auch das Grundgesetz sagt in Artikel 3: »Alle Menschen sind gleich.« Aber damit war und ist ein *Abwehrrecht* der Bürger *gegen staatliche Übergriffe* gemeint – richtungsgleich mit Humboldts Feststellung, dass erst Sicherheit die Freiheit garantiere, was vom Bundesinnenminister sinnentstellend dauerzitiert wird. So wollten es jedenfalls die Väter des Grundgesetzes vor dem Hintergrund der deutschen Geschichte. Das Gebot verfügt, dass der Staat keinen Bürger bevorzugen oder benachteiligen darf. Der Umgang der Menschen *untereinander* war damit nicht gemeint. Hier habe vielmehr Vertragsfreiheit zu gelten. Aber den deutschen Gleichstellungswächtern reicht das nicht. Sie wollen die Gleichheit der Bürger *untereinander* erzwingen. Nicht Gleichheit vor dem Gesetz, sondern Gleichheit *durch* das Gesetz. Deshalb dürfe sogar bei einem »glaubhaft« gemachten Verdacht auf Diskriminierung die Beweislast umgekehrt werden. In diesem Falle müsste zum Beispiel ein Vermieter aktiv nachweisen, dass ein ausländischer Bewerber um eine Wohnung nicht aus »rassischen« Gründen abgelehnt wurde. Nicht die *Schädigung* eines anderen, sondern dessen *Nichtbegünstigung* ist dann zu verfolgen. Lieber Himmel!

Auch ich *wünsche* mir nicht, dass Menschen wegen irgendwelcher Eigenschaften – sagen wir: Homosexualität – ausgeschlossen werden. Aber wenn ich beispielsweise mein Haus vermiete, muss es mir als Eigentümer gestattet sein, zu wählen. Denn es gibt Leute, die ich einfach nicht mag. Suchen Sie sich welche aus: Männer oder Frauen, Schwarze oder Weiße, Dicke oder Dünne, Christen oder Moslems, Schwarzhaarige oder Rothaarige, Leute, die kurzärmelige Hemden tragen oder nur langärmelige, alle Audi-Fahrer oder alle BMW-Fahrer, alle Schmidts oder alle Müllers. Ich muss Leute, die ich nicht mag, nicht in mein Haus lassen, nicht bedienen, ihnen nicht meine Dienstleistung verkaufen, nicht in meinem Unternehmen anstellen. Eigentum schließt das Recht ein, auszuschließen. Egal, welche Gründe ich dafür habe. Es ist meine Sache. Eigentum und Diskriminierung sind untrennbar. Deshalb richtet sich der Vorstoß gegen die Diskriminierung in Wirklichkeit gegen das Recht auf Eigentum. Wenn Wettbewerb herrscht, dann wird der Ausgeschlossene woanders auch wieder »eingeschlossen«, das heißt eine Nachfrage finden.

Leben ist Wählen, Vorziehen, Ungerechtsein, Unterschiedlichsein-wollen. Aber ist das »Diskriminierung«? Diskriminiere ich einen Rocksänger, wenn ich lieber in die Oper gehe? Diskriminiere ich die Autoindustrie, wenn ich lieber Bahn fahre? Diskriminiere ich Pepsi, wenn ich lieber Coke trinke? Diskriminiere ich die *FAZ*, wenn ich die *taz* abonniere? Diskriminiere ich einen teuren deutschen Arbeiter, wenn ich lieber einen billigeren ausländischen Arbeiter nehme? Oder werde ich gerade deswegen der Ausländerdiskriminierung bezichtigt, weil ich den Deutschen vorziehe? Wann immer ich wähle, diskriminiere ich. Wenn aber jede Wertentscheidung für etwas anderes »diskriminatorisch« ist, dann versucht der Staat die Herrschaft über die Sprache an sich zu reißen. Und wer die Sprache kontrolliert, kontrolliert das Denken.

Aber, so wird mir vorgehalten, was ist mit der »Toleranz«? Sie weht auf allen Parteiflaggen und will mir eine Richtung weisen, die *sie* für richtig hält. Aber für mich ist auch Intoleranz richtig – zum Beispiel gegenüber dem Rechtsbruch; zum Beispiel gegenüber staatlichen Erziehungsversuchen. Aber genau so will man mich dressieren: Mit der Peitsche der Diskriminierung in der einen Hand und dem Zuckerbrot der Toleranz in der anderen. Denn mit Wohlanständigkeit lassen sich die Bürger viel wirkungsvoller lenken als mit offenem Zwang.

Menschlichkeit, institutionalisiert

Der GLOBE-Forschungsverbund untersucht seit Jahren das Selbstverständnis der Führungseliten in 62 Ländern und korreliert es mit ihrer volkswirtschaftlichen Leistungsfähigkeit. Kulturelle Einflüsse und Mentalitäten spielen dabei eine große Rolle.

Nach diesen Befunden ist die Aufgabenorientierung deutscher Führungskräfte vorbildlich. Hingegen belegt Deutschland bei der Humanorientierung den vorletzten Platz: Fairness, Höflichkeit und Großzügigkeit seien in deutschen Organisationen dramatisch unterentwickelt. Das korreliert mit der Erfahrung vieler ausländischer Manager, die in deutschen Betrieben gearbeitet haben: Unisono berichten sie von menschlich kalten Beziehungen, respektlosen Umgangsformen und einer verletzenden Direktheit. Gleichzeitig aber sagt uns der »Human Developement Index« der UN, dass Deutschland mit Blick auf eine *technisch* realisierte Humanorientierung (Mitbestimmung, Kündigungsschutz, Sozialsysteme) im Vergleich der größten Volkswirtschaften einen der vordersten Plätze einnimmt.

Ein Widerspruch? Keine Menschlichkeit oder zuviel Menschlichkeit? Was gilt? Nein, kein Widerspruch. Das eine folgt aus dem anderen. Denn das scheinbare Paradox einer hohen institutionalisierten und gleichzeitig geringen interpersonalen Menschlichkeit löst sich auf, wenn man die Wirkungen betrachtet. Menschlichkeit ist in Deutschland zu einer Sache der Institutionen geworden. Wir haben das Humane an Wohlfahrtssysteme abgetreten. Und damit abgeschafft. Die Fähigkeit, Menschlichkeit im direkten Umgang täglich zu leben, haben wir durch unseren Instrumentellen Scharfsinn verloren oder gar nicht erst entwickelt. Unsere Steuer- und Sozialgesetzgebung steht an Umfang und Regulierungstiefe einmalig in der Welt da. Da gibt es Tausende von Organisationen, die Opfer, Kranke, Benachteiligte unterstützen. Diese Systeme bilden die Wirklichkeit nicht ab – sie *erschaffen* sie. Wir haben vergessen, dass Institutionen strukturelle Einladungen zur Verantwortungsverschiebung sind. Auch in den Familien werden die Beziehungsmuster entsprechend der Prinzipien der Versorgungsmaschine umgestaltet. Nehmen wir einen jungen Studenten, dessen Studium durch die staatliche Subventionierung künstlich verbilligt wird. Viele sind Anfang Dreißig, wenn sie feststellen, dass sie etliche Jahre an der Uni sorglos und »kostenlos« verlebt haben, ohne ihre Berufsaussichten dadurch wesentlich zu verbessern. Die Jobs, die ihre Eltern noch nach der Lehre begannen, treten sie nun als »Akademiker« an. Vor allem aber haben sie die Lebensweise eingefleischter Singles angenommen, sind kaum bereit, sich den Anpassungen einer Familiengründung zu unterwerfen. Heiraten? Das »Familienrecht«, eine Sammlung von Beschränkungen des Vertragsrechts, macht die Ehe für viele zum wirtschaftlichen Damoklesschwert. Kann es jemand wundern, dass diese Mischung aus misstrauensbasierter Verregelung und finanziellen Drohszenarien von immer weniger Menschen gewollt wird? Da nimmt man doch lieber die Erosion der Institution Ehe als solcher in Kauf. Wer dennoch Kinder will, darf sich wieder staatlicher »Beihilfe« erfreuen. Vater Staat subventioniert Kindertagesstätten, Ganztagsschulen und Bahnfahrkarten, zahlt Kindergeld, Erziehungsgeld, Sozialhilfe und Unterhaltsvorschuss. Das Kinderaufziehen ist dann zwar immer noch keine luxurierende Veranstaltung, aber es kommt doch finanziell in den Bereich des Machbaren. Die Folge: immer mehr »alleinerziehende Mütter«. In Berlin ziehen sie schon ein Drittel aller Kinder auf. Allein mit dem Staat.

Zweifellos hat der Wohlfahrtsstaat in den letzten 50 Jahren durch seine sozialen Sicherungsprogramme das Leben kalkulierbarer gemacht. Dadurch wurde die materielle Abhängigkeit von der Familie aufgehoben. Für den Einzelnen hat das jedoch zur Folge, dass alle wichtigen Lebensphasen staatlichem Einfluss unterliegen: vorschulische Erziehung, Ausbildung, Erwerbstätigkeit, Familiengründung, Krankheit und Ruhestand. Das Anspruchsdenken, das sich als Folge dieser Entwicklung herausgebildet hat, hat die Familie als Ort der Solidarität, des Sozialen, der Wertevermittlung zerstört. Die kollektiven Sicherungssysteme haben in der Absicht, die persönlichen Beziehungen von finanziellem Konfliktstoff zu entlasten, den Familienverbund aufgelöst. Sie haben damit das Regulativ der Liebe durch Gerechtigkeit ersetzt, die Bindung durch Trennung, das Individuelle durch das Kollektive, das persönliche Wollen durch das institutionalisierte Sollen. Die Gaswolke staatlich erzwungener »Solidarität« erstickt die persönliche Verantwortung auf Gegenseitigkeit. Die Kosten des Sozialstaates explodieren, weil es kein Gegenüber mehr gibt – weil die Anspruchsberechtigten jenen aus den Augen verloren haben, der das alles bezahlen soll.

Der Soziologe Arnold Gehlen hat schon vor über 40 Jahren vorhergesehen, wie wir in »ein großes Verteilungsgefüge« hineinlaufen, das den Einzelnen in »Daseinsabhängigkeit« hält. Die Entwicklung zum »Versorgungsgemeinwesen« ziele darauf ab, »dass jedes aus wirklichen oder auch nur denkbaren Notlagen heraus vorstellbare Bedürfnis umgedacht wird in einen Anspruch des Individuums«. Denn die selbstverantwortete Zuständigkeit, das Mitmachen im Lokalen und Notwendigen, das ist dem Staat viel zu freiheitlich, zu »unordentlich«, zu wenig systematisch, berechenbar und einklagbar. Deshalb zwingt uns der Staat in die Karitas. Die für die abendländisch-christliche Kultur so wichtige Tradition des Gebens und Schenkens wurde dadurch sehr weitgehend zerstört. Denn Geben kann nur ein Eigentümer, niemals eine Gesellschaft. Die kann nur aufteilen. Solidarität, individuell und freiwillig? Nein, wir hätten sie gerne kollektiv und erzwungen.

Verlernt haben wir dadurch das Wichtigste: Die Selbstverantwortung. In seiner instrumentell-zugreifenden Form formatiert der Staat das Verhalten der Menschen so, dass am Schluss alle Selbstverantwortung, alle Individualität und mit ihr alle Menschlichkeit verloren geht. Eine paradoxe Situation: Der Staat antwortet auf soziale Schieflagen mit erhöhter Aktivität, mit neuen Gesetzen und Institutionen. Aber genau dieses Handeln wirkt als Schwächung – des Eigenantriebs, der Solidarität wie der persönlichen Zuwendung. Das ist kein »Marktversagen«, wie immer behauptet wird, das ist Staatsversagen.

Solidarität schwindet

Der Mensch ist ein reziprokes Wesen. Er verhält sich um so eher normkonform, je mehr er den Eindruck hat, andere halten sich auch an die Normen. Die Umgebung gibt ein Signal über die Geltung von Normen und Regeln. So ist bekannt, dass die Neigung zu Vandalismus in öffentlichen Räumen umso höher ist, je verschmutzter sie sind. Wo schon zehn Zigarettenkippen den Bahnsteig zieren, sinkt die Hemmschwelle, auch noch eine elfte fallen zu lassen. Wenn es kaum jemand im Haus mit der »Kehrwoche« so genau nimmt, sinkt die Bereitschaft auch bei denen, die sich bisher daran gehalten haben – »Wieso soll ich für die anderen mitputzen?« Genauso steigt die Steuermoral oder der persönliche Einsatz in der Gemeinde, wenn andere sich ebenfalls engagieren.

Umgekehrt verweigern sich Menschen, wenn sie sehen, dass andere sich ihren Verpflichtungen entziehen können.

Das wussten auch die Väter des Grundgesetzes. Artikel 3 fordert deshalb die allgemeine und unprivilegierte Steuerlast. Jedoch kann man allenthalben in der Zeitung lesen, dass einige sehr erfolgreiche Unternehmen und auch Privatpersonen ganz legal überhaupt keine Steuern bezahlen. Auf einer Party erklärt jemand mit verschmitztem Lächeln, wie er – »völlig sauber!« – seine Steuern wesentlich reduziert habe. »Gute« Steuerberater werden wie Wertpapiere gehandelt; jeder Normalbürger braucht mittlerweile einen. Und das bestverkaufte deutsche Wirtschaftsbuch aller Zeiten heißt *1 000 ganz legale Steuertricks*.

Der Bürger lernt: Wer steuerlichen Anreizen folgt und sein Einkommen politisch erwünscht verwendet, stellt sich besser als der Steuerpflichtige, der sein Einkommen staatlich unbeeinflusst verwenden will. Die Steuerlast ist mithin nicht – wie Artikel 3 fordert – *gleich* verteilt; einige müssen weniger zahlen. Der Einzelne kann der Steuerlast ausweichen, wenn er sich klug verhält. Frage: Kann man den Deutschen besser beibringen, dass die Steuer eine Strafe ist, die bei guter Führung ausgesetzt wird? Zahlt der Bürger hingegen die gesetzliche Regelsteuer, fühlt er sich angeschmiert. Weiß er doch, dass andere darum herumkommen. Da stellt sich der Bürger die Frage: »Muss ich deshalb Steuern bezahlen, weil ich einfallslos oder steuertaktisch uninformiert bin?« Genau so ist es: Menschen, die Steuervorteile nicht ausnutzen können, fühlen sich bestraft. Den Bürger bedrückt das Gefühl, dass er Steuern zahlen muss, weil er auf der Klaviatur des Steuerrechts nicht virtuos genug spielt.

Das Lenkungsinteresse des Staates schafft mithin Räume, in denen das Recht aufhört, ein Recht *für alle* zu sein. Damit verliert der Bürger das Vertrauen in den Staat, der von einigen Geldleistungen fordert, aber andere verschont, einigen »Förderung« gewährt, anderen nicht. Das geltende Steuerrecht bedroht mithin vor allem *Gesetzesvertrauen* – dass das Gesetz *für alle* gilt und nicht nur für die besonders Angepassten. Damit droht die eingebaute

Lenkungsmoral im Steuerrecht den verbindenden Sittenkodex aufzulösen, auf den freie Gesellschaften angewiesen sind. Nicht erst seit Sozialhilfeempfänger sich in Talkshows ihrer Cleverness rühmen, weiß jedes Kind, dass der Wohlfahrtsstaat längst nicht mehr Bedürftigkeit, sondern sozialpolitisches Gewusst-Wie belohnt.

Aber nicht nur das Vertrauen in den Staat erodiert. Viel schlimmer noch: Es erodiert auch das Vertrauen der Bürger *untereinander*. Nehmen Sie als Beispiel dieses Buch, das Sie in den Händen halten: Sie können es als Sachbuch von der Steuer absetzen. Denn der Staat will, dass Sie etwas für Ihre Bildung tun. Und er weiß auch, dass Sach- oder Fachbücher bilden, während Romane und Gedichte nur zum Vergnügen da sind. Deshalb fördert er den Kauf eines bildungsrelevanten Buches. Das bedeutet: Jemand anderes, der lieber Krimis liest oder über Goethe, Shakespeare oder Dostojewski die Welt verstehen will, der muss für Ihr Buch mitbezahlen. Wie das? Nun, gehen Sie aus von einem bestimmten Finanzbedarf des Staates. Wenn Sie mit dem Kauf eines Sachbuches Ihre Steuerzahlung reduzieren können, muss der andere für Sie »einspringen«. Nicht direkt und auch nicht 1:1, aber indirekt über viele Wege und Umwege. Weil er anderes liest, als der Staat für gut befindet, zahlt er letztlich mehr als Sie. Ist doch prima, oder?

Nun kann man aber berechtigt von der Annahme ausgehen, dass der Staat eine bestimmte Höhe an Einnahmen erzielen muss. In dem Fall bleibt dem Staat nur die Möglichkeit, sich ausgezahlte »Steuervergünstigungen« auf anderem Wege wiederzuholen. Zum Beispiel über allgemeine Steuererhöhungen. Diese treffen dann wieder diejenigen härter, die keine Vergünstigungen in Anspruch nehmen. Wenn sich aber unser Krimifreund vom Buchhändler für den Kauf seines Krimis ebenfalls eine *Sachbuch*-Rechnung ausstellen lässt, dann gleicht er Ihren Vorteil wieder aus. Ganz nebenbei macht er noch den Buchhändler zum Komplizen seines Steuerbetruges. Kann man das »Gestaltungsmissbrauch« nennen? Meinetwegen. Mehr noch ist es die staatlich herbeigeführte Korruption der Bürgermoral.

Steuerlich entlastet werden Sie auch, wenn Sie ein Dieselfahrzeug mit einem bestimmten Rußfilter fahren. Der Bundesumweltminister gibt dazu ein Interview: »Die anderen Autofahrer werden dadurch aber nicht belastet.« Ein unglaublicher Satz. Entweder ist dieser Minister geradezu beklemmend einfältig oder er hält die Bürger dafür. Wenn er den einen Bürger ent-lastet, muss er zwangsläufig den anderen Bürger be-lasten. Oder ist durch den massenhaften Kauf von Rußfiltern plötzlich der Finanzbedarf des Staates insgesamt gesunken? Der Staat kann nur geben, wenn er vorher etwas weggenommen hat. Er muss dem Handwerker etwas wegnehmen, um die Arzttochter studieren zu lassen. Er muss der Friseurin etwas wegnehmen, um deutsche Filme in die Kinos zu bringen – obwohl die Friseurin vielleicht lieber Hollywoodfilme sieht. Wenn ich dann lese, irgendetwas sei »Leistung des Staates«, investiert würden »staatliche Gelder« oder jemand beziehe eine »staatliche Rente«, dann wird eine simple Tatsache unterschlagen: Der Staat hat kein Geld. Wenn er Geld hat, dann hat er es den Menschen vorher weggenommen. Wenn er Geld ausgibt, dann gibt er *Ihr* Geld aus. Für etwas, was *er* für richtig hält.

Wenn eine Steuer nicht nur den Staat finanzieren soll, sondern zugleich den Bürger lenken, dann hat das eine asoziale Konsequenz: Wenn ich mich der Lenkung beuge, entziehe ich dem Staat Finanzmittel. Das ist nicht in Ordnung. Denn wenn ich meine Steuer verkürze, muss ein anderer für mich in die Lücke springen. Ich belaste mithin meinen Mitbürger, wenn ich das tue, was der Staat will. Das heißt, ich verhalte mich unmoralisch, wenn ich mich moralisch verhalte. Mehr noch: Wenn ich Produkte meide, die über Steuern künstlich verteuert worden sind (zum Beispiel Alkohol, Zigaretten, Benzin, Strom), dann entsteht dadurch ein Finanzloch. Dann muss mein Nachbar dafür blechen. Das Ergebnis dieser Logik: Nichtraucher handeln unsolidarisch. Nichttrinker sind Sozialschweine. Nichtautofahrer sind herzlos. Das ist depressionsfördernd.

Die Forschung hat wieder und wieder belegt, dass Menschen über den kurzsichtigen Eigennutz hinaus dazu tendieren, vertrauensvoll und kooperativ zu handeln. Sie werden hingegen sehr schnell rücksichtslos, wenn sie sich benachteiligt fühlen. Dann geht Beziehungskapital verloren – eine der wichtigsten Ressourcen für prosperierende Gesellschaften. Indem der Staat den Einzelnen dazu verlockt, durch den Steuervorteil auf Kosten aller anderen zu leben, verrät er die Ideen von Gemeinschaft und dem zu verantwortenden Ganzen, opfert er den binnengesellschaftlichen Zusammenhalt zugunsten seiner Dressurideale. Die »Schmiergeld-Republik« *(Der Spiegel)* muss mithin nicht nur nach Wuppertal, Köln oder München schielen. Der Staat selbst arbeitet kräftig mit an der Wachstumsbranche Korruption. Unter der Tarnkappe des Steuervorteils ist Bestechung offizielles Mittel staatlicher Geschäftspolitik. Der Staat pfeift das hohe Lied des Gemeinwohls – und hinter dem Rücken kreuzen sich die Finger. Der Tatbestand der »Vorteilsnahme«, wie ihn das Strafgesetzbuch kennt, wird staatlich erlaubt. In das »Korruptionsregister«, das der einstige Wirtschaftsminister Müller forderte, müsste an oberster Stelle der Staat eingetragen werden.

Wichtig ist noch eine weitere Konsequenz: Im Bewusstsein der Bürger wird die *Finanzierungsnotwendigkeit* vom *Lenkungsinteresse* immer mehr überlagert. Die Bürger »vergessen« vor lauter Kampf um Steuervorteile, dass der Staat Geld »braucht«. Und dass es gemeinschaftsfeindlich ist, sich dieser Pflicht zu entziehen. Wichtiger noch: Sie haben das Gefühl dafür verloren, dass sie mit ihrer Cleverness ihren Mitbürger belasten. Genau jenen Mitbürger, dem sie gestern noch erklärten, mit welchen Kniffen sie »den Fiskus« ausgetrickst hätten. Es hat sich das Idealbild des cleveren Steueroptimierers entwickelt, der nur noch von wenigen verachtet wird. Was die Politik nicht hindert, weiter das frivole Spiel moralischer Empörung zu spielen: Bundesfinanzminister Hans Eichel im Oktober 2003 über Steueroptimierer: »Wegen solcher Leute müssen wir Rentnern Geld wegnehmen.« Nein, wegen staatlicher Zerstörung der Solidarität.

Der Ehrliche ist der Dumme

Für den Bürger gibt es verschiedene taktische Mittel, mit dem Staat umzugehen. Zu welchem er greift, ist Sache seines Charakters. Das eine ist äußerste Korrektheit. Man klammert sich an Ge- und Verbote, entsagungsvoll und demütig. Zähneknirschend zahlt man – aber man zahlt. Seit indessen der Staat die Gestalt des Großzuhälters angenommen hat, ist der Weg der Korrektheit naiv. Die Bürger, die ihn früher beschritten, bevorzugen nun eine zweite Taktik: »Rette sich, wer kann!« Die Bürger dieser Abteilung sind ständig auf der Flucht vor dem konfiskatorischen Zugriff des Staates. Ehrlichkeit wird lächerlich.

Das mag manchen empören. Denn wenn wir unsere moralische Integrität beschreiben sollen, dann stellen wir sie uns als stabiles Attribut unserer Persönlichkeit vor. Tatsächlich aber ist unsere Ehrlichkeit in hohem Masse von der jeweiligen Situation abhängig. Und wenn wir erst einmal gemogelt haben und dann ein zweites Mal, dann kommt uns das dritte Mal schon kaum noch unmoralisch vor. Indes sind wir keine *Opfer*, wir können immer noch entscheiden. Dennoch schafft es der Staat, dass »der Ehrliche der Dumme ist« – wie ein Fernsehmoderator schrieb. Dafür übernimmt der Staat jedoch keine Verantwortung. In bekannter Manier ignoriert er strukturelle Schieflagen und schiebt sie dem Einzelnen als Schuld unter .

»Eine Steuer, die auf Unverständnis stößt, ist eine große Versuchung zur Hinterziehung. Im Gegensatz zu den Grundsätzen der Gerechtigkeit, wie sie allenthalben üblich sind, veranlasst das Gesetz erst die Versuchung, um dann die zu bestrafen, die ihr erliegen.« Adam Smith schrieb das in *Wohlstand der Nationen,* im Jahre 1776. Man sollte mal öfter die Klassiker lesen. Tut man aber nicht. So wird im Jahre 2004 ein neues Gesetz zur Bekämpfung der Schwarzarbeit erlassen, von dem man sich Mehreinnahmen von einer Milliarde Euro erhofft. Eine Milliarde bei einem geschätzten Volumen der Schwarzarbeit von mindestens 370 Milliarden! Was der Staat dazu beigetragen hat, dass es überhaupt zu diesem Volumen kam, das will er nicht wahrhaben. Und ob nicht vielleicht niedrigere Steuern und Abgaben ein Mehrfaches erbringen könnten, das wird nur leise »angedacht«. Hauptsache, man kann drohen. Der Staat kriminalisiert lieber ein ganzes Volk, als darüber nachzudenken, was er selbst dazu tut, dass Ehrlichkeit zur Ausnahme wird, dass Moral erodiert, dass Deutschland seine Integrität verliert.

Illusionswolke Solidarität

Lassen Sie uns an dieser Stelle noch einmal kurz die Idee der »Solidarität« aufgreifen. Fast alle staatlichen Lenkungsideen werden von ihr hinterlegt, auf diese Weise positiv aufgeladen. Kaum, dass wir sie genauer und ihre Konsequenzen nüchtern betrachten. Stellen Sie sich vor, eine größere Menschengruppe geht gemeinsam essen. Die Rechnung soll, da ist man sich im Voraus einig, durch Köpfe geteilt werden. Und nun stellen Sie sich vor, jemand ist dabei, der eigentlich nur geringen Hunger hat oder knapp bei Kasse ist. Wenn er allein bezahlen würde, würde er einen günstigen Wein bestellen und auf den Nachtisch verzichten. Durch die gemeinsame Rechnung jedoch fühlt er sich angereizt, mindestens so viel und so gut zu verzehren, wie es alle anderen tun. Sonst bekäme er keinen entsprechenden Gegenwert für sein zurückhaltendes Verhalten, ja, er würde den Genuss der anderen gleichsam mitbezahlen. Wenn er sich sogar einen persönlichen Vorteil verschaffen will, verzehrt er mehr als der Durchschnitt. Die gemeinsame Restaurantrechnung ist also *immer höher* als die Summe möglicher Einzelrechnungen. In einer Volkswirtschaft wird auf diese Weise immer mehr ausgegeben als eigentlich nötig. Sie merken: Wir sind schon wieder in Deutschland.

Und wenn ein Kanzler dann noch den Bürgern »Mitnahmementalität« ankreidet, dann wird es bizarr. Das Problem, das er verschweigt: Die anschwellenden Ansprüche werden erst durch die »solidarische« Versicherung *erzeugt*, in der alle in einen anonymen Topf hineinzahlen und alle ebenso anonym wieder Leistungen herausnehmen. Wenn der Einzelne freie Hand hätte, sich so, anders oder gar nicht zu versichern, wäre sein Verhalten seine Privatsache. Der Staat bräuchte sich nicht darum zu kümmern; der Einzelne könnte beispielsweise mit seiner Gesundheit verfahren, wie er wollte. So aber glaubt der Staat ein Wörtchen mitreden zu dürfen. Das Verhalten des Einzelnen wird damit ein sozialer Kostenfaktor, den Beamte zu steuern haben. So soll die Illusionswolke der »Solidarität« in der Renten- oder Krankenversicherung die Kosten dieses Entmündigungsapparats verdecken. Das gilt auch für die *langfristigen* Wirkungen staatlicher Günstlingswirtschaft. Was ist wichtiger für Mündigkeit, als die realen Kosten medizinischer Leistungen gegenüber den Patienten offen zu legen?

Und noch ein Beispiel, ein eher entlegenes: die Bezuschussung des Mensaessens. Über die sozialen Begründungen für diese Tatsache will ich hier nicht sprechen. Aber die Studenten erfahren nie, was ein Mensaessen *wirklich* kostet. Die künstliche Verbilligung täuscht über das hiesige Lohnniveau, über Preise der Lebensmittel hinweg. Alle Subventionen sind ein Anschlag auf die Urteilskraft des Bürgers. Man weiß nicht mehr, was etwas kostet. Ob die Studenten ahnen, dass die Begünstigungen nichts anderes sind als Vorgriffe auf ihre künftigen Einkommen? Dass das billige Mensaessen von heute die Steuererhöhung von morgen ist? Abermals: Der Staat kann nichts geben, ohne es vorher oder nachher wegzunehmen.

Greifen wir abschließend noch einmal auf das Restaurant-Beispiel zurück. Dort hatte ja immerhin jeder den gleichen Teil der Rechnung bezahlt. Richtig schlimm wird es, wenn jemand sein Verhalten finanzieren kann, indem *ein anderer* die Rechnung bezahlt. Das nennt man »Verteilen« oder, falls Sie es moralisch eindrucksvoller möchten, »Teilen«. Das *freiwillige* Teilen, ist im Nahbereich, in der Familie, sogar noch in der Gemeinde unersetzlich. Ein Teilen, das durch Politikinstrumente *verfügt* wird, ist kein Teilen, sondern Zwang. Und wer immer vom Teilen und den moralischen Weihen des Teilens spricht, dem sei empfohlen, diesen Wert mit einem anderen Wert zu balancieren: dem Respekt vor dem, was Menschen sich aufgebaut haben. Was sie durch ihren Einsatz, ihr sparsames Wirtschaften und ihre vorausschauende Kreativität geschaffen haben. Der enteignende Zwang über den steuerlichen Eingriff zeugt von einer tiefsitzenden Respektlosigkeit vor dem Lebenswerk einzelner Bürger.

Scheindeutigkeiten

Die Zerstörungskraft des staatlichen Zugriffs ist damit lange nicht am Ende. Sie greift viel tiefer in das moralische Empfinden der Bürger ein, als offiziell gesehen und anerkannt wird. Und das hängt damit zusammen, dass sich der Staat fragt: »Wie können wir unsere finanziellen Einnahmeinteressen ›sinnvoll‹ mit den ›richtigen‹ Ideen vom guten Leben verknüpfen?« Zum Beispiel: Blitzen für die Verkehrssicherheit! Wer mag gegen den Wunsch nach sicheren Straßen die Stimme erheben? Nun weiß die Verkehrspsychologie seit vielen Jahren: Raser bremst man vor unfallträchtigen Kurven am besten durch farbige Fahrbahnstreifen in kurzen Abständen. Wirkungsvoll sind auch entgegenleuchtende Geschwindigkeitsmessungen sowie Begründungsschilder bei Beschränkungen. Das also ist gesichertes Wissen: Man muss mit dem Bürger *kommunizieren*, dann verhält er sich vernünftig. Aber dann – oh Schreck! – fließen die Einnahmen nur noch spärlich. Und die sind schon fest im Haushalt eingeplant; mit diesen Einnahmen rechnet man. Mehr noch: Wie viele Auffahrunfälle wurden schon dadurch *verursacht*, dass Autofahrer angesichts der Radaranlagen erschrocken voll in die Bremsen stiegen? Perverser geht's kaum. Blitzen für die Verkehrssicherheit? Blitzen für die Haushaltskasse! Es geht nicht um Verkehrssicherheit, wie immer behauptet wird, es geht ums Geldeintreiben. Deshalb stehen von den bundesweit 2 500 Radaranlagen fast alle an *einnahmeträchtigen* Stellen, nur wenige an *unfallträchtigen*; nur knapp 20 an

Schulen, drei an Altersheimen, der Rest an freien Strecken oder 50 Meter hinter dem Ortseingangsschild. Der Bürger atmet das Sumpfgas der Abzocke.

Das gleiche Bild bei den Steuern: Der Staat ist sich der Illegitimität immer neuer Abgaben bewusst. Deshalb werden heutzutage nicht einfach nur die Steuern erhöht. Heute versieht man sie mit einem guten Zweck. Tapfer schwenkt man die Weihrauchkesselchen der hehren Ziele: Benzinsteuer hoch für die Umwelt! Ausbildungsabgabe für die Jugend! Tabaksteuer hoch für die Gesundheit! Durch Strafabgaben also will die Politik die Verbraucher zum Konsumverzicht nötigen. Um in dieser Logik zu bleiben: Was bedeuten dann höhere Steuern auf Leistung und Arbeit? Will man die auch verhindern?

Bei vielen Kürzungen, Umschichtungen oder Erhöhungen wird man die Ziele mühelos teilen können. Aber sind sie glaubwürdig? Beispiel »Ökosteuer«: Eine Regierung, die Milliarden zur Förderung der schadstoffreichen Steinkohle verpulvert, ja sogar mit einer Milliarde die besonders umweltschädigende Braunkohle subventioniert, will den Bürger mit der »Ökosteuer« daran hindern, schadstoff*armes* Gas und Öl zu verbrauchen. Schon das macht nachdenklich. Zudem werde das Geld nicht gebraucht, um die Erforschung umweltschonender Energien anzuschieben (was ja noch irgendwie plausibel wäre), sondern um die Renten zu finanzieren und damit die Lohnnebenkosten zu senken. Was hat die Umwelt mit der Rente zu tun? Nichts, und deshalb ist der ökologische Nutzen auch gleich Null – was sogar deren Befürworter bestätigen. Aber wenigstens würden mehr Steuern eingenommen. Hoppla, um was geht es hier eigentlich?

Um was es *eigentlich* geht, wurde durch einen ministeriellen Lapsus im Sommer 2003 klar. In den Nachrichten hieß es zunächst, Zigaretten würden um einen ganzen Euro je Packung teurer. Wenige Tage später wurde dann zurückgerudert: Das Finanzministerium wolle die Zigaretten doch lieber stufenweise in drei Schritten zu je 40 Cent verteuern, weil sonst mit einem allzu starken Rückgang des Zigarettenverkaufs und damit einbrechenden Steuereinnahmen zu rechnen sei. Über den Umweg der Tabaksteuer fördert nämlich unverantwortliches Qualmen das Gemeinwohl. Michael Naumann hat vorgeschlagen, die Raucher individuell nach Einkommensklasse oder Lungenvolumen zu besteuern.

Ist wenigstens der »Jugendschutz« glaubwürdig? Hm. Auch darüber freut sich die Zigarettenindustrie; schwarze Aufdrucke gelten dort keinesfalls als Anlass zur Trauer. Die Industrie weiß seit langem, dass durch propagandistische Todeswarnungen das »coole« Risikoverhalten der Jugendlichen besonders angespornt wird. Noch niemals hat ein Memento mori einen Sterblichen erschreckt, schon gar nicht zum Nichtsterben veranlasst. Das wiederum freut den Staat, weil dann mehr geraucht wird und mehr Steuern fließen. Es ist ja allseits bekannt, dass die Raucherquote gerade unter den 12- bis 15-Jährigen seit Ende der achtziger Jahre ständig ansteigt – trotz kräftiger Preiserhöhungen. Glücklicherweise, sonst sähe es für den Staatshaushalt noch schlimmer aus. Auch die Sphäre des Jugendschutzes hat ihre Vampire.

Unter dem Stichwort »Jugendschutz« laufen ferner die plakativen Aktionen gegen die so genannten »Alcopops«. Alcopops – das ist ein »böser Alkohol«. Steuern hoch, Alcopops runter – so wird daher kalkuliert. Aber auch Alkoholkonsum runter? Keineswegs, wie allseits bekannt. Aber man braucht sich auf politischer Seite nicht mehr vorhalten zu lassen, man sei inaktiv geblieben. Solche Form von Placebopolitik wird nur akzeptiert, weil die bunten Flaschen ein gutes Feindbild abgeben. Frisch eingeführt und daher noch nicht etabliert. Alles Alteingeführte bleibt selbstverständlich unangetastet. Das ist offenbar »guter Alkohol«. Natürlich greifen die Jugendlichen ersatzweise zu Bier- und Weinmixturen, die schon zwei Jahre früher, nämlich ab 16 Jahren, erlaubt sind. Und das ist gut so. Wie denn sähe es aus, wenn auch diese Steuereinnahmen schwächelten? Im Ernst: Alkoholmissbrauch ist schlimm. Der scheinheilige Krieg gegen den Missbrauch ist schlimmer.

Auch der Konsum soll ja »gefördert« werden; mangelnde

Binnennachfrage gilt als Wurzel vieler Übel. In Ordnung, also produzieren wir mehr, kaufen wir mehr, reisen wir mehr. Das erhöht die Nachfrage. Zum Beispiel nach Benzin. Nun ist der Benzinpreis so hoch wie nicht mal in Kriegszeiten. Die Schuldzuweisung an die üblichen Verdächtigen in Berlin und Rotterdam – Bundestag und Rohölmarkt – lasse ich hier beiseite. Aber an diesem Beispiel lässt sich der *Moralertrag* für die Staatskasse ablesen. Jeder, der Auto fährt, weiß, dass er die Umwelt verschmutzt. Diese Schuldgefühle lassen sich wunderbar ausnutzen. Rauf mit den Steuern auf Benzin! Drei Viertel des Benzinpreises kassiert der Staat in Form von Mineralöl-, Mehrwert- und Ökosteuer. Der verbrauchsreduzierende Effekt sei gewollt, so tönt es allenthalben. Weil der Energieverbrauch gedrosselt werden soll. Wirklich? Protest ist kaum zu befürchten, weil jeder, der gegen das staatliche Abkassieren protestiert, sich *umweltpolitisch* ins Aus geschossen hätte. Gnade uns Gott, wenn das offiziell Erwünschte tatsächlich einträte! Die Staatskassen würden völlig kollabieren. Tun sie nicht, die Mineralölsteuereinnahmen sind 2004 wieder um knapp eine Milliarde gestiegen. Eben weil er *nicht* befürchten muss, dass dieser Effekt eintritt, kann der Staat so unbeirrt draufsatteln. Aber in das Vertrauen der Bürger träufelt der Staat die ätzende Säure des Nichtsogemeinten.

Wenn der Steuerbürger also brav das tut, was der staatliche Großerzieher will, nämlich sich den Lenkungsnormen beugt, dann ist das auch wieder nicht in Ordnung. So sei das aber nicht gemeint gewesen! Immer wieder wird mit moralisierendem Unterton geschrieben, das Steuersystem belohne die »Trickser«, die »Abzocker«, die »Gestaltungsathleten«. Siehe Nachtzuschläge für Bundesligaspieler. Derjenige, der dem Lenkungsinteresse des Staates folgt, wird strukturell in die Nähe des Kriminellen geschoben. Unterschlagen wird, dass das Steuersystem sie so haben will: Sie tun genau das, was der Staat will. Sie beugen sich dem Lenkungswillen des Staates und verhalten sich moralisch korrekt. Die Pointe: Sie sind die »braven« Bürger. Die Steueroptimierer sind die guten Staatsbürger. Staatliche Moral gerät nicht dadurch in Schwierigkeiten, dass man sie angreift, sondern dass man sie ernst nimmt.

Steueroptimierung sei aber nicht im Sinne der Lenkungsabsicht! Da ist er wieder, der »Gestaltungsmissbrauch«. Man spricht dann von »Regelungslücke« oder »Steuerschlupfloch«. Und sie zu nutzen sei moralisch verwerflich. Aber die Politik, die sich entrüstet, dass Vodafone die deutschen Steuergesetze kennt und Abschreibungen von 50 Milliarden Euro geltend macht, hat keine Probleme, wenn beim so genannten »Cross Border Leasing« der amerikanische Steuerzahler abgezockt wird. Bei diesen Geschäften kaufen ausländische Investoren den deutschen Städten Rathäuser, Abwasserkanäle oder Tunnel ab. Die Stadt least zurück. Der Scheininvestor kann die Kaufsumme beim Fiskus geltend machen und erstattet den Kommunen für diese freundliche Beihilfe zur Steuervermeidung einen Barwertvorteil. So einfach geht das, völlig legal. Lassen wir die hohen vertragsrechtlichen Risiken für die Kommunen beiseite, ignorieren wir auch für einen Moment die Tatsache, dass die deutschen Kommunen anfänglich manche Million kassieren – welche Einstellung wird hier gefördert? Das Spiel mit dem Steuerschlupfloch macht aus ehrenwerten Stadtkämmerern wirtschaftliche Schurken. Beamte werden zu Handlangern eines internationalen Ganovenstücks. Sie halten die Steigbügel für fiktive Geschäfte, die allein dazu dienen, öffentliches Geld in private Kassen umzuleiten. Gestaltungsmissbrauch? Die Politik ist der Missbrauch.

Das Ende der Glaubwürdigkeit

Lenkungspolitik ist ein System der Lüge. Gesundheit, Umwelt, Gemeinschaft – alles Vorwände. Es geht um *Einnahmequellen*, und da sind ablenkende Moralmasken immer hilfreich. Der Staat nimmt den Melkkühen der Republik – den PKW- und LKW-Fahrern – gegenwärtig insgesamt rund 60 Milliarden Euro ab, investiert aber nur rund 15 Milliarden in den Straßenbau. Niemand kann ernsthaft glauben, die Milliarden, die als Eigenheimzulage und Pendlerpauschale gekürzt werden sollen, stünden für Bildung und Forschung bereit. Sie werden lautlos versickern in einem Milliardenloch, das eine Haushaltsplanung gerissen hat, welche ganz auf Wachstum setzte. Steuern sind Finanzmittel. Punkt. Egal, wofür die Gelder eingesetzt werden. Da steht nicht drauf »Für Bildung!« oder »Für die Armen!« Sie kommen alle in einen großen Topf und werden dann verteilt. Sie sind nicht zweckgebunden und können nicht zweckgebunden sein. Sie werden für alles und jedes eingesetzt, um den allgemeinen Finanzbedarf des Staates zu sichern. Die Moral ist nur vorgeschoben.

Das sieht das Bundesverfassungsgericht anders. Es hat im Mai 2004 der Ökosteuer zugestimmt. Diese neue Steuer soll ausdrücklich finanzieren und gleichzeitig lenken. Lenken: Sie soll Energie verteuern, um die Umwelt zu entlasten. Finanzieren: Sie soll über 11 Milliarden Euro einbringen. Wie gesagt: für die Rente, nicht für die Umwelt. Aber damit nicht genug: Selbst wenn das Geld für umweltschonende Energien eingesetzt würde – wie soll ich mich denn nun verhalten? Verbrauche ich teure Energie, dann sichere ich die Rente, aber belaste die Umwelt. Verbrauche ich *keine* teure Energie, dann schone ich die Umwelt, bedrohe aber die Rente. Will mich da jemand zum Narren halten? Das ist lupenreines Double-Bind. Lenkt die Steuer erfolgreich, dann sinken die Steuereinnahmen; steigen die Steuereinnahmen, dann bleibt die Umwelt belastet. Beides zugleich ist nicht möglich. Also ist eines von beiden gelogen. Der Bürger darf sich aussuchen, welches. Das ist eine 6,0 auf der nach unten offenen Küblböck-Skala. Ist es möglich, *nicht* zum Staatsfeind zu werden?

Wer zählen kann, hat damit ja noch lange nicht bewiesen, dass er auch rechnen kann. Jedenfalls ist seit dem Urteil des Bundesverfassungsgerichts mindestens eines klar: Nicht jeder Unsinn ist verfassungswidrig. Aber das Gericht kann sich auf weite Teile der öffentlichen Meinung stützen. Sie stimmt zu, wenn der Staat das

Verhalten der Bürger durch Griff in deren Kassen in umweltpolitisch korrekte Bahnen lenken will. Umwelt ist prima! Wie kommt es dann aber, dass die Ökosteuer nur für Dienstleister und Privathaushalte preistreibend wirkt, die größten industriellen Stromverbraucher aber aus der Pflicht genommen werden? Wer am meisten die Umwelt verschmutzt, bleibt ungeschoren? Jetzt befinden wir uns im logischen Niemandsland. Umweltpolitisch, nicht steuertechnisch. Wenn Volksverdummung ein Verbrechen wäre, wären viele Politiker vorbestraft.

Finanzierung plus Lenkung: Das ist ein seelischer Wackelkontakt. Eine Zwickmühle, die man wahlweise auf- und zuziehen kann. Das spürt der Steuerbürger. Er fühlt sich hinters Licht geführt, ahnt, dass hier mit gezinkten Karten gespielt wird. Wo nicht gemeint ist, was gesagt wird, da gerät alles durcheinander. Die Erziehung zum moralischen Verhalten durch steuerliche Lenkung zerstört genau die Werte, die sie zu schützen vorgibt. Verlogene Gesetze sorgen dafür, dass die Normen einbrechen. Moralverbieger aus Gründen der Volkspädagogik, und sie werden nicht bestraft, sie dürfen das! Das Vertrauen stirbt zwischen Staat und Bürger. Weit schlimmer noch wird jede Form von innerlich gespürter Verantwortung für das Gemeinwesen unterlaufen. Damit wird der Staat zu einer legitimatorisch entkernten Organisationsattrappe, der die Menschen mehr und mehr ihre Zustimmung versagen. Dieser Staat hat mittlerweile nicht nur eine *Effizienz*lücke, sondern vor allem eine *Legitimitäts*lücke. Ja, das Verhältnis der Menschen zum Staat ist kühl geworden, sehr kühl sogar.

Moral ohne Wert

Die Sollbruchstelle des Lenkungsprogramms hat einen schlichten Namen: Wollen. Über das Sollen kann der Bürokrat des guten Lebens ja noch befinden, aber er kann nicht wissen, ob der Bürger so leben *will.* Ja, er geht davon aus, dass der Bürger eigentlich etwas anderes will, sonst müsste er ja nicht steuern – mag er auch ob der Freiheitsphrasen noch so sehr seine staatstragende Nase rümpfen. Deshalb sucht er einen pragmatischen Ausweg aus dem Zwiespalt zwischen hehrem Ideal und schnöder Realität. Die Steuer scheint ihm als Vermittlungsglied geeignet. Sie soll einen *inneren* Lernprozess herbeiführen. Sie soll über den Steuerdruck langsam das erwünschte Verhalten einüben, bis aus uns allen gute Menschen geworden sind. Als Sanktion hat sie das Ziel, gesellschaftlich zu konditionieren, zur Moral zu werden. Fremdzwang soll zum Selbstzwang werden – der Fachjargon spricht von der »Internalisierungsthese«.

Der Haken an der Sache: Die Psychologie sagt uns, dass wir uns nicht an die *Moral* gewöhnen, sondern an die *Belohnung.* Fällt die Belohnung weg, wird auch das gewünschte Verhalten nicht mehr gezeigt. Es besitzt einfach *keinen Eigenwert.* Schlimmer noch: Wenn man uns für eine Tat belohnen muss, damit wir sie überhaupt tun, wie schauen wir auf die Tat? Sie muss doch wohl etwas Anstößiges sein, fast etwas Schmutziges, etwas, das man aus freien Stücken nicht tut. Und für das man schon mal eine Schmutzzulage erwarten kann.

Grundsätzlich gilt: Wenn uns der Preis einer Sache zu hoch erscheint, ist uns die Sache nicht genug wert. Wenn sie billiger wird, sind wir gegebenenfalls bereit, die Sache zu kaufen. Aber: Sie wird deshalb nicht wertvoller, nur weil sie billiger wird. Das Gegenteil ist der Fall: Der Wert ist umso höher, je mehr wir bereit sind, dafür zu geben. Der Wert einer Sache wird also umso geringer, je billiger man sie uns anbietet. Übertragen auf unser Thema heißt das: So, wie die Preise im Einzelhandel über Rabatte und Zusatzgaben mittlerweile vom Kunden als »Mondpreise« empfunden werden, so sinkt auch der Wert der Moral, wenn man sie uns über irgendwelche zusätzlichen Belohnungen »verkaufen« muss. Ich folge dann einer Moral nicht mehr, weil ich dazu von innen heraus motiviert *bin*, sondern weil ich dazu motiviert *werde*. Wie betrachte ich dann die Moral? Welchen Wert hat sie wirklich? Was bleibt von der Moral, die auf einem Steuervorteil sattelt? Was bleibt von der Verpflichtung gegenüber dem anderen, was bleibt von der Rücksicht auf deren Leben, wenn die Moral in Gestalt des großen Manipulators daher kommt? Selbstverpflichtung gibt es dann nicht mehr. Der so beschriebene Mensch ist nicht in der Lage, *von innen heraus* moralisch zu handeln.

Denn eine erkaufte Moral ist keine Moral, sondern strategisches Kalkül. Einer Moral *als Moral* folge ich nur, wenn ich dazu motiviert *bin*, wenn ich das so *will*, wenn es sich meinem Eigenwert fügt. Und unsere gesellschaftliche Ordnung hängt eben davon ab, ob wir mehrheitlich handeln »wollen«. Und nicht sollen.

Belohnungen lenken uns von der *Idee* ab und dem *Interesse* zu. Wer die metaphysische Obdachlosigkeit beklagt, wer den Werteverfall kritisiert, wer bedauert, dass wir kein Land mehr sind, das durch gemeinsame Ideale zusammengehalten wird, der sollte sich diese Mechanik anschauen. Die Zivilisierungsingenieure setzen Moral und Geschäft in eins, binden Tugend und Nutzen zusammen – und wundern sich, dass die Tugend ihren *Eigenwert* verliert, wundern sich, dass Moral nicht um ihrer selbst willen gilt, sondern lediglich der Moralertrag zählt. Was der Wirtschaft wortreich vorgeworfen wird. Erinnert sei an die Ausbildungsplatzabgabe; man kann sich freikaufen: Prima, das ist die Lizenz für gesellschaftliche Verantwortungslosigkeit. Offenbar hat sich da der politische Intelligenzquotient der Körpertemperatur genähert. Moral durch Geld: Das ist die beste Art, Menschen zu zeigen, dass moralisches Verhalten unwichtig ist, Geld aber wichtig. Das wird dann für die Gesellschaft wirklich teuer: Preise ohne Vertrauen und Moral ohne Sinn.

Soll man sagen, das Ganze sei harmlos und besser als Nichtstun? Wenn das Steuerrecht sich in den Dienst der Moral stellt und behauptet, Solidarität und Naturschutz zu fördern, dann macht es die Moral zu seinem Knecht. Moral ist dann rentabel geworden. Wenn Wohltätigkeit zu etwas Steuermechanischem wird, wenn sie sich ausbreitet wie Gas, dann löst sie sich auf. Moralisches Verhalten bedeutet dann nicht mehr Verzicht, sondern Vorteil. Das Ganze verwirrt sich. Es verwirrt sich *für die Moral*: sie verliert ihren Eigenwert. Es verwirrt sich *für den Einzelnen*: die aufrichtigere, eigensinnigere Haltung wird diskreditiert. Wer sich selbstbewusst verhält, den eigenen Weg geht, der ist auf dem Holzweg. In solchen Verwirrungen stößt die Politik unsere Ideale, macht sie lächerlich, indem sie sie zu fördern vorgibt. Unter der Hand verwandelt sie so die *Verpflichtungs*gesellschaft in eine *Verführungs*gesellschaft. An Stelle der wertgestützten Bindung stellt sie die kurzfristige Kumpanei aus Vorteilssucht. Unsere Brüderlichkeit und Schwesterlichkeit wird fiskalpolitisch aufgezehrt. Und unser Selbstbewusstsein erlischt durch den Verlust der Selbstachtung.

Der Philosoph Max Scheler hat herausgearbeitet, dass man das Gute nur auf Umwegen erreicht, niemals direkt. Wer gut sein wolle, wolle nur gut *erscheinen*, sei also ein Pharisäer. Das ist eine riesige Warntafel für jede Volkspädagogik. Das moralische Handeln ist dort nämlich *kein* Verdienst, es braucht dazu keine Selbstüberwindung, es ist keine Entbehrung nötig. Der Bürger erlebt deshalb auch keinen Stolz, keine Würde. Stattdessen Korrumpierbarkeit. Kann man eine Gesellschaft konsequenter moralisch entkernen? Aus diesem Grunde sind die deutschen Werte von Kant zum Media Markt gewandert, von Schiller zum Steuerberater.

Knete für Kinder

Sind Sie ein Kind des Kindergeldes und der Rentendebatte? Nein? Hat man Sie einfach nur aus Liebe gezeugt? Wirklich? Oh Gott! Na, die Zeiten sind bald vorbei. Denn staatliche Steuerung versus individuelle Freiheit oder: wie man mit Moral die Moral zerstört – das kann man wunderbar an der Diskussion um die Sozialsysteme ablesen. Da hat man das Problem erkannt: Zu wenig Kinder. Genau genommen: Zu wenig *deutsche* Kinder. Kinder seien die Zukunft Deutschlands. Nicht der Welt, da gebe es ja eigentlich genug davon, dort müsse man die »Bevölkerungsexplosion« eindämmen. Aber in Deutschland müsse man nachhelfen. Überdies seien Kinder auch ein Kostenfaktor, mit dem man die Bevölkerung »nicht allein lassen« dürfe. Familien seien mit Kindern ja »belastet«, ein Grund, Kindererziehungszeiten in der Rentenversicherung anzuerkennen.

Dahinter steckt eigentlich noch ein weiteres Problem: Junge Paare ohne Kinderwunsch. Dass diese Paare sich *entschieden* haben, dass dahinter Werte, zeitgenössische Ideen vom guten Leben stehen, dass junge Menschen vielleicht einfach keine Kinder *wollen* (aus welchen Gründen auch immer), scheint nicht hinnehmbar. Also muss schleunigst umerzogen werden. Volksvermehrung wird zur Staatsaufgabe. Der Staat muss steuern und kann es auch, geradezu punktgenau wie ein Ingenieur, die Zukunft ist machbar! Wie? Nein, nicht mit dem Mutterkreuz. Diese Zeiten sind vorbei. Mit Geld natürlich. Aber nicht nur mit Geld allein. Diese Paare sind ja auch »Opfer«; es gibt dunkle Mächte, die die Entscheidung junger Menschen unterlaufen, die ja alle »eigentlich« Kinder haben wollen. Also müssen zunächst mehr Kindergärten her und längere Kinderbetreuung in der Schule. Und es ist ja auch richtig: Wir sind kein familienfreundliches Land. Wichtiger aber, und nur das helfe kurzfristig, sei ein *finanzieller Anreiz*: Steuervorteile, Kinderfreibetrag, Kinderkomponente bei der Eigenheimzulage, Bafög. Vor allem aber höheres Kindergeld – schon jetzt insgesamt über 30 Milliarden Euro pro Jahr – oder ein einmal zu zahlender Kinderbonus. Sogar für gut verdienende Akademikerinnen – eine Personengruppe, die eine besonders geringe Geburtenquote aufweist. Aber das »Elterngeld« soll wiederum nicht zu lange gezahlt werden, um mehr »Anreize« für die rasche Rückkehr in den Beruf zu geben. Und falls das alles nicht hilft, gibt's noch eine Drohung oben drauf: Kinderlosen soll die Rente gekürzt werden – wie es Saarpremier Müller (CDU) vorschlug. Kind oder Knete.

Welche Folgen hat diese »aktive Bevölkerungspolitik«, die sich da so fürsorglich auf die Geschlechter stürzt? Nun, Kinder sind keine

Kinder mehr – was da spielt und sich im Sand wälzt, sind demografische Faktoren! Rentensicherungsagenten! Elemente einer Beitragszahlerarithmetik! Kinder sind »Opfer« für die Allgemeinheit – und berechtigen zur Kompensation durch den Steuerzahler. Mein Kind – deine Ausgabe. Kinderkriegen ist daher auch keine private Entscheidung mehr, sondern eine öffentliche Investition. Nicht Väter und Mütter kriegen Kinder, sondern der Staat. Eltern werden staatliche Funktionäre zur Aufrechterhaltung der Sozialsysteme. Wer da nicht mitmacht – ob gewollt oder ungewollt – gehört zu den vaterlandslosen Gesellen, die abgestraft werden müssen.

Vorbei auch die Zeit, in der man Kinder haben wollte, weil man Kinder haben wollte. Diese *implizite* Abwertung scheint niemandem aufzufallen. »Wenn Sie mich belohnen müssen für etwas, dann muss es etwas sein, was ich eigentlich nicht will, was sich nicht lohnt und das ich ohne finanziellen Anreiz nicht täte.« Menschen fühlen sich manipuliert, verlieren das Interesse an der Sache selbst. Kinder werden Mittel zum Zweck der Einkommensverbesserung jener Eltern, die der staatlichen Verführung erliegen. Vergessen, dass Kinder das Leben unvergleichlich bereichern können. Mit der Entscheidung für oder gegen Kinder wird auch eine Entscheidung zwischen Sein und Haben getroffen – die der Staat korrumpiert.

Erzeugt Geld einen Kinderwunsch? Nein, Geld erzeugt einen Geldwunsch. Denkt jemand an die Kinder, die in solche Bedingungen hineingeboren werden? Das ist Mayer-Vorfelder-Politik, die im Vollrausch ihres zudringlichen Stumpfsinns noch ein letztes Glas Bier umfährt. Niemand bekommt Kinder wegen finanzieller Vorteile – und wenn doch, wäre es eine Katastrophe.

Grammatik der Milde

Einflussreiche Theoretiker des klassischen Liberalismus – Jeremy Bentham, James und John Stuart Mill – erhoben das Wohlergehen möglichst vieler Menschen zum Grundprinzip politischer Moral. Vor allem die berühmte Millsche Schädigungsthese hat dabei zu vielen Interpretationen eingeladen – Zwang darf nur ausgeübt werden, um die Schädigung anderer zu verhüten. Aber was ist eine »Schädigung«? Was gehört ganz einfach zum Auf und Ab des Lebens? Was regelt sich von alleine? Unstrittig ist, dass die Schädigungsthese immer weiter ausgedehnt wird. Wenn heute in Deutschland jemand einen Vorteil hat, der den anderen gar nicht unmittelbar betrifft, so hat dieser doch einen »relativen Nachteil«. Den gelte es dann auszugleichen. Es geht ihm also schlecht, wenn es anderen besser geht.

Für dieses »Ausgleichen«, für das »Fördern« und »Schützen« greift der Staat nur ungern zum »bösen« Mittel des Zwangs. Er möchte freundlich bleiben. Deshalb folgt er einer Grammatik der Milde. Er greift zur Strategie »Ködern«. Das dekoriert seinen Paternalismus und macht ihn spitzfindig. Die Steuerung über Steuern eignet sich dafür besonders. Sie sagt: »Tu, was ich sage, sonst schadest du dir selbst.« Die vorherrschenden Lenkungshilfen sind Belohnen und Bestrafen – aber *selbstregelnd*, das heißt mit Hilfe eines Systems, das allein aus der Initiative des Bürgers heraus funktioniert: Verhält er sich angepasst, erhält er automatisch seine vorausberechnete Belohnung; bleibt er eigensinnig, fällt die Belohnung weg. Die Belohnung wird in diesem System als »Ködermaterial« prozentual vom Einkommen als Steuer zunächst einbehalten und dann bei erbrachter Anpassungsleistung gleichsam »rückerstattet«. Der große Vorteil aus der Sicht des Staates: Die Freiheit des Bürgers bleibt formal erhalten. Das System regelt sich von allein – der Bürger kann entscheiden und trägt die Konsequenzen, im Guten wie im Schlechten.

Eine Frage aber bleibt: Ist das noch Freiheit? Oder ist diese Freiheit eine Illusion? Ist das eine Sonderform des Zwangs, indem man ein Angebot macht, aber künstlich Kosten definiert, die im Falle der Ablehnung entstehen? Ist ein Mensch nur dann wirklich frei, wenn er ein Angebot *kostenlos* ablehnen kann? Paul Kirchhoff hat in diesem Zusammenhang plakativ die These vertreten: »Der Steuerzahler gibt an den Toren des Steuerrechts unbewusst ein Stück seiner Freiheit ab.«

Es ist schwer, die Weise zu unterscheiden, wie Menschen über Menschen regieren und wie Menschen angehalten werden, sich selbst zu regieren. Denn Gelegenheiten und Tätigkeiten sind verklammert. Man stößt immer auf Vorgaben, durch die man *passiv* bestimmt ist, zu denen man sich aber *aktiv* verhält. Über das Thema »Freiheit und ihre Grenzen« sind deshalb Bibliotheken geschrieben worden. Diese Diskussion können wir hier nicht nachzeichnen. Aber vielleicht können wir die Sache für unseren Zusammenhang klären.

Ist eine Handlung *verboten*, ist es zum Beispiel untersagt, umweltbelastende Maschinen zu betreiben, so hat der Staat in die Freiheit des Einzelnen eingegriffen. Ob und inwieweit das jeweils zu rechtfertigen ist, mag jeder selbst entscheiden. Aber die Sachlage ist klar. Der Bürger weiß sich gezwungen beziehungsweise mindestens rechtlich gebunden. Bei der Steuerung durch Steuern hingegen – zum Beispiel Abschreibungsmöglichkeiten für umweltschonende Maschinen – wirkt der Eingriff des Staates unauffälliger. Die Regierungsziele werden an die Selbststeuerung geknüpft. Sie eröffnen ein Möglichkeitsfeld, sie stacheln an, lenken ab, erleichtern oder erschweren, machen mehr oder weniger wahrscheinlich. Der Steuervorteil gibt dem Bürger ein Motiv, das aber mit der Sache selbst nichts zu tun hat, sondern an seine finanziellen Bedürfnisse appelliert.

Greift der Bürger dieses Motiv auf, dann entscheidet er sich *freiwillig*. Er tut allerdings etwas, was er ohne den Lenkungsimpuls nicht tun würde. Der finanzielle Vorteil lockt und verdrängt die sachlogischen Motive. Diese Taktik des Staates bedient sich damit einer »neoliberalen« Denkfigur, nach der die *Wahl* den freien Willen ausdrückt und die Einzelnen sich die Handlungsfolgen selbst zuzuschreiben haben.

Wenn wir also anerkennen, dass eine »grenzenlose« Freiheit inhaltlich leer und gesellschaftlich unpraktikabel ist, dass Freiheit also immer Freiheit *innerhalb* von Grenzen ist, dann können wir nicht anders: Die Grenzen der Freiheit sind *nicht* enger gezogen. Der Bürger kann entscheiden: Steuervorteil oder Steuernachteil. Der Bürger ist nicht gezwungen, die umweltbelastende Maschine abzuschaffen. Die rechtsstaatliche garantierte Freiheit des Andersdenkenden, Anderslebenden und Andershandelnden ist nicht verletzt.

Wie aber *erlebt* der Einzelne diese Situation? Die grundsätzliche Wahlmöglichkeit ist nicht zu trennen von der steuerbewehrten Forderung, diese Freiheit *spezifisch* zu gebrauchen. Der Steuerstaat zwingt nicht, aber er schafft Wahrscheinlichkeiten. Der Bürger wird so *auf sanfte Weise* in das staatliche Lenkungsinteresse hineingedrängt. Sperrt sich der Einzelne gegen das, was ihm als Gemeinwohl verkauft wird, stellt er sich gegen sein eigenes. Der Bürger denkt: »Wenn ich den Steuervorteil nicht nutze, dann bin ich der Lackierte. Dann bezahle ich ja gleichsam für den anderen mit!« Der Staat kann sich also ziemlich sicher sein, dass der Bürger um der Steuervermeidung willen das tut, was der Staat will.

Dabei arbeiten Steuerlast und Lenkungsinteresse wieder Hand in Hand: Je höher die Steuerlast, desto größer die Wahrscheinlichkeit, dass der Bürger nach Einsparmöglichkeiten sucht. Unter der Hand wandelt sich also die Handlungsfreiheit praktisch zur Entscheidungszumutung. Freiheit wird teuer. Ihre Nutzung wird zum Masochismus. Wie bei den Bahnpreisen: Nur Vollzahlern bleibt die Freiheit erhalten. (Der Staat könnte sich ohnehin die Wirkungen seiner Umerziehungsabsichten am Scheitern des Tarifsystems der Deutschen Bahn anschauen. Die Bahn hat mit ihren exzessiven Steuerungspreisen zunächst das Preisvertrauen zerstört und dann die Kundenzufriedenheit. Anfang des Jahres 2004 wurde es abgeschafft.)

Wichtig ist: Die Grammatik der Milde wirkt als gleichschaltende Kraft viel intensiver als der gesetzliche Zwang. Der staatliche Eingriff hat sich nämlich geschminkt: Er hat sich als »Vorteil« maskiert. Deshalb wird er individuell kaum negativ wahrgenommen. Er erzeugt mithin auch selten Widerstand, weil er nicht als Unfreiheit erlebt wird. Wo kein offensichtlicher Zwang droht, da hat auch die individuelle Freiheit nicht mehr die Kraft, sich als verglimmend aufzubäumen. »Wieso, niemand zwingt mich doch!« Im Gegenteil: Das staatliche »Angebot« verschafft dem Einzelnen sogar noch Erfolgserlebnisse. Er bringt ihn dazu, die Anpassung an die staatliche Lenkung als Frucht seiner Cleverness anzusehen. »Schaut her, wie es mir gelungen ist, Steuern zu sparen!« Der Wink mit dem Steuervorteil sieht so freundlich aus, als sei da gar nichts, wogegen man sich auflehnen könnte. Deshalb sehen die Menschen subjektiv kaum, wie sie in ihrem Verhalten korrumpiert werden. Schleichende Gehirnwäsche? Unsinn! Vehement beharren sie auf ihrer Autonomie. Sie halten sich persönlich für unverwundbar gegenüber staatlichen Manipulationsversuchen. Und leiden doch an mentalem Skorbut.

Das Problem für die Freiheit: Der Weg zu ihrer Abschaffung ist mit besten Absichten gepflastert. Die vielfältigen Anreize werden kaum noch als Freiheitsbeschneidungen wahrgenommen. Das Sensorium der Bürger für staatliche Entmündigung ist weitgehend abgestumpft, erzeugt kaum noch Widerstand gegen das Umerziehen, Belagern, Besserwissen. »Der Staat meint es ja nur gut!« Längst haben wir uns daran gewöhnt, überall Rabatte, Bonuspunkte, Meilen zu kassieren. Unsere Selbstverstümmelung wird uns als Vorteil, als kluges Verhalten verkauft. Keine Geheimpolizei bedroht uns, sondern unser eigenes Streben nach Vorteil. Der Große Bruder ist kein furchterregender Koloss mehr – er ist ein wohlmeinender Verführer.

Dagegen ein Lehrfilm des Bundeskriminalamtes: Ein Unternehmer trifft auf einen städtischen Sachbearbeiter, beide spielen Golf. Der Unternehmer lädt den Sachbearbeiter ein, spendiert Karten für ein Turnier, stellt ihn anderen Unternehmern vor – und erwähnt eines Tages, dass er schon lange auf eine städtische Genehmigung warte. Es ist nur ein Nebensatz, keineswegs nachdrücklich formuliert. Der Unternehmer muss gar nicht absichtsvoll die Beziehung zu diesem Sachbearbeiter aufgebaut haben, um diesen Hinweis loszuwerden. Aber der Sachbearbeiter, der bisher immer nur ein Nehmer war, sieht nun die Chance, zurückzugeben. Er kann die »Schuld« ausgleichen und auf Augenhöhe mit dem Gebenden kommen. Er wird aktiv. Der Unternehmer musste kein einziges bittendes Wort äußern.

Die Politik bedient sich zur Zurichtung der Bürger derselben Sozialpsychologie. Es ist dieselbe Sozialpsychologie, die Sekten nutzen, um Herz und Verstand ihrer Anhänger zu erobern: »Gehe schrittweise vor, mache keinen Druck, bleibe im Hintergrund und betone die freie Wahl.« Die Inhalte der Botschaft mögen andere sein, ihre Form bleibt dieselbe.

Beispielhaft zu sehen an der politischen Konjunktur der Selbstverantwortungsrhetorik. »Jeder habe es selbst in der Hand« heißt es allenthalben, was immer das »es« sei. Gleichzeitig jedoch wird der Bürger permanent ferngesteuert, kanalisiert, wird seine Wahl beeinflusst, wird ihm ein Lebenskonzept verordnet. Dadurch stirbt das Bewusstsein für dieses »selbst in der Hand« und alles hofft ergeben auf das staatliche Märchen »Tischlein deck dich«. Genau das ist das Kernproblem der deutschen Selbstblockade: In der Gestaltung der Rahmenbedingungen, die belohnen und bestrafen, verkommt die Selbstverantwortung zu einer »theoretischen« Position ohne lebenspraktische Wahrscheinlichkeit.

Der Steuerstaat ist eine bevormundende Macht, die ins Einzelne geht, regelmäßig und mild. Er wäre mit dem Familienvater vergleichbar, wenn er die Menschen reifen ließe und auf selbstständiges Handeln vorbereiten würde. Stattdessen versucht er, sie unwiderruflich im Zustand des Kindes zu halten. Das hat schon Alexis de Tocqueville 1835 scharfsinnig beobachtet. »Der Souverän«, so schreibt der konservative Liberale, »bricht ihren (der Bürger, RKS) Willen nicht, aber er weicht ihn auf und beugt und lenkt ihn; er zwingt selten zu einem Tun, aber er wendet sich fortwährend dagegen, dass man etwas tue; er zerstört nicht, er hindert, dass etwas entstehe; er tyrannisiert nicht, er hemmt, er drückt nieder, er zermürbt, er löscht aus, er stumpft ab, und schließlich bringt er jedes Volk so weit herunter, dass es nur noch eine Herde ängstlicher und arbeitsamer Tiere bildet, deren Hirte die Regierung ist.«

Ob Hirte oder Vater, ob Herde oder Kinder – die gütige Despotie wird *unsichtbar*, sie sinkt ein in die Mentalität der Menschen. Wie das Gesundheitssystem, das sich die Kranken erschafft, die es heilen will, so erschafft sich der Steuerstaat die Nachfrage selbst. Er »erzieht« sich Menschen heran, die ihn brauchen und dadurch legitimieren. Seine geheime Dauerbotschaft: »Lerne nie, dein Leben selbst in die Hand zu nehmen!« So produziert der Staat Menschen ohne Eigensinn, Menschen, die ohne seine Führung nicht mehr leben können. Das freie Volk dämmert vor sich hin in unfreier Freiheit. Ein erfolgreiches Konzept. Ein folgenreiches Konzept. Für die deutsche Geschichte aber kommen wir in die sozialhistorisch bedeutende Situation, dass Freiheit nicht mehr innerhalb des Staates, sondern gegen den Staat verwirklicht werden muss. Der Staat? Sind das nicht *wir*, wir alle? Ja – und nein. Es fragt sich, wer hier wem dient.

Die Krise des Staates ist die Krise des Individuums

Wer hat das Recht, mein Leben zu steuern? Wer hat das Recht, für mich zu entscheiden? Viele glauben, es sei in Ordnung, jemanden zu seinem Glück zu zwingen. Väter und Mütter handeln so, nicht selten im Nachhinein von den Kindern bestätigt: »Ich bin sehr froh, dass mich meine Eltern damals zum Klavierspielen gezwungen haben.« (Wie viele, die so sprechen, spielen *heute* noch Klavier?) Gegenüber Erwachsenen aber wird die Zwangsbeglückung prekär: Wer hat das Recht, für mich *als Erwachsenen* zu entscheiden? Niemand! Es ist absurd, die Fürsorgepflicht von Kindern auf Erwachsene auszudehnen und damit auf drei Viertel der Bevölkerung. Jede Form von »Paternalismus« ist anmaßend – interessanterweise sprechen wir nicht vom »Maternalismus«. Ihn mit wohlmeinender Güte, überlegenem Weitblick und männlich-harter Liebe, gar mit »Dienen« zu rechtfertigen, ist dann nur noch unverschämt. Ich jedenfalls empfinde die Attitüde der Ehrbarkeit und Selbstlosigkeit als abstoßend, mit der man mir mein Leben aus der Hand nehmen will.

In Deutschland haben die Staats-»Diener« die Herrschaft übernommen. Sie tun nicht mehr, was ihre Arbeitgeber wollen; sie bestimmen, was sie *sollen* – und ziehen sie dadurch auf ihr eigenes Niveau gleichgültiger Mattigkeit hinab. Formal bleibt der Bürger souverän. Faktisch aber hat die ehemalige Dienerschaft einen Lenkungstotalitarismus errichtet, der um die Achse Berlin-Brüssel zum Maximalstaat gewuchert ist. Sie fährt eine Doppelstrategie. Einerseits wird »mehr Selbstverantwortung!« gerufen, gleichzeitig werden aber die Räume für diese Selbstverantwortung immer enger gemacht. Über der ganzen Veranstaltung weht das Fahnenwort des »Gemeinwohls« – eine Chimäre, hinter der vor allem ein Interesse steht: das der Politik selbst.

Aber was passiert hinter dem Rücken der Akteure? Ein privater Radiosender installierte vor einigen Jahren eine Ampel auf einer völlig geraden und freien Landstrasse. Es gab an dieser Stelle weder Kreuzung noch Abzweigung, weder Kurve noch Fußgängerüberweg – nur Wiesen und Felder ringsum. Die Ampel zeigte Rot. Dauerrot. Nach einer halben Stunde hatte sich vor der Ampel eine lange Autoschlange gebildet. Die Reporter interviewten die Wartenden. Wütend waren sie, aufgebracht, verwünschten die Ampel, die Polizei, das Straßenbauamt, den Regierungspräsidenten. Aber es passierte nichts. Alle saßen, warteten, fluchten und hofften ergeben, dass die Ampel umsprang. Viele spielten mit der Idee, einfach loszufahren – aber niemand tat es. (*brandeins* 11/2004)

Die Sozialpsychologie lässt keinen Zweifel: Die Mentalität folgt dem Verhalten. Und da es in Deutschland viele rote Ampeln gibt, heißt die Leitwährung »Anpassung«. Das Leben wird bestimmt von »Oben«, den Umständen, der Konjunktur, den Verhältnissen, Systemen, Strukturen. Der Bürger lässt sich steuern, macht sich zum Reiz-Reaktion-Apparat besserwissender Bürokraten, zur Marionette eines misstrauischen Steuerstaates. Das ist die Wurzelsünde. Die mentale Konsequenz: Gehirnverseuchung. Der staatliche Eingriff kommt oft als Vorteil, Wohltat oder Ordnung daher und jeder freut sich. Doch der Dolch im Gewande heißt Entmündigung und Gängelung. Das Selbstvertrauen stirbt, das Opferbewusstsein wächst, das Warten auf den großen Beweger. Und irgendwann weigern wir uns, unser Leben selbst zu *führen*. So gewöhnen wir uns daran, die Preisgabe unserer Selbstbestimmung als Beitrag für das Gemeinwohl zu verstehen. Selbstwirksamkeit gedeiht nicht, wo der Staat wirkt.

Das Problem liegt in der Selbstaufgabe der Bürgerwürde. Es liegt in der selbst gewählten Abhängigkeit der Bürger von den Wechselbädern der Fremdbestimmung. Wer handelt, um dafür belohnt (oder mindestens nicht bestraft) zu werden, ist gleichsam nicht »bei sich«, sondern abhängig von der Kontrolle anderer. Und gibt damit anderen Macht über sich. Liefert sich aus an Zuckerbrot und Peitsche. Das ist der ganze Unterschied zwischen denen, die sich reinhängen, und denen, die sich hängen lassen.

Es sind vor allem diese tektonischen Einstellungsverschiebungen der Menschen, die zur Krise des Staates geführt haben: Risikoscheue, Halbherzigkeit, Unbeweglichkeit. Ihre konkreten Formen sind Ansprüche, Rechte, Privilegien, Subventionen, Garantien, Sicherheiten, Scheu vor Experimenten: Das sind die Gifte, die uns lähmen. Die wirtschaftliche Leistungsfähigkeit sinkt, die öffentlichen Kassen leeren sich. Der Steuerstaat hat sich selbst sabotiert. Ist er bereit, das anzuerkennen? Unwahrscheinlich. Denn hier geht es nicht um oberflächliche (Mitnehmer-)Mentalitäten, die auch die Politik beklagt; hier geht es um die Tatsache, dass der Staat sie *er-*

zeugt. Er blendet aus, dass er eine viel tiefer wurzelnde Mentalität prägt: Ohnmacht. Und dass er gar nicht daran interessiert ist, daran etwas zu ändern, sondern sie ausnutzt und ihr seine Existenz verdankt.

Deshalb lässt der Staat lieber eine ganze Gesellschaft verrotten, als den Bürgern zu vertrauen und Macht an sie abzugeben. Nie zuvor in der Geschichte der Bundesrepublik wurde unverblümter von oben nach unten regiert, nie zuvor wurde im Schutz des Schutzes soviel Macht- und Geldgier durchgesetzt. Wie reagiert der Bürger? Mit Passivität, Wahlabstinenz, Rückzug ins Private – das scheint angesichts des atmosphärisch dahinschleichenden Vertrauensbruchs und der Anmaßung von Staatsgewalt geboten zu sein. Oder? Der Staat wird so lange sein Unwesen treiben, wie er sich vom Kompost der zerstörten Gesellschaft ernähren kann. Aber dazu braucht es zwei. Den Staat. Und den Bürger. Einer, der macht, und einer, der zulässt. Dafür wechseln wir nun vom Moll ins Dur: in eine optimistische Zukunft.

Nicht lenken – denken!

»Es handelt sich also nicht darum, das Volk zu führen, es handelt sich darum, dem Volk Rede und Antwort zu stehen.«

Karl Popper

Das Ziel? Viele!

Jeder präsentiert sich in Erwartung dessen, was vor ihm liegt. Jeder Mensch, jedes Unternehmen, jedes Land. Viel Gutes scheint da für Deutschland nicht zu liegen. Deutschland erlebt gerade das Ende einer 50-jährigen Sonderkonjunktur, die mit der Gründung der Bundesrepublik begann. In dieser Zeit haben wir uns daran ge-wöhnt, vom Staat ver-wöhnt zu werden. Die Folgen sind bekannt. Weniger bekannt ist, dass hinter den staatlichen Wohltaten eine weit gefährlichere, weil tiefer lotende Mechanik steckt: Fremdsteuerung. Was so freundlich als Belohnung, Zuschuss und Steuervorteil daherkommt, hat unser Selbstvertrauen untergraben und die Überzeugung in unsere Selbstwirksamkeit geschwächt. Hinzu kommt, dass die Verhältnisse undurchschaubar geworden sind und die Wirtschaft dem Gemeinwohl weder verpflichtet noch verpflichtbar ist. Und seit dem Zusammenbruch des Sozialismus wirkt Deutschland auch noch intellektuell verkatert. Keine polare Spannung hält es mehr lebendig: Die Alternative ist weggefallen, vor der der Status quo zu rechtfertigen wäre. Wir sind also nur noch unser eigener Gegner. Das heißt auch, wir können uns nur noch selbst besiegen. Und wir sind kräftig dabei.

Was können wir dagegen tun? Wie das Ding drehen? Dazu wurde fast alles von allen gesagt: Wir müssen das Arbeitsrecht entrümpeln, die Subventionen kürzen, die Lohnkosten senken. So waschzettelt es vor sich hin. Wirklich Umwälzendes kommt da nicht vor. Wie auch? Alle Vorschläge lassen sich mit guten Gründen relativieren. Es ist das Gesamtbild, das Räderwerk der Unbeweglichkeit, das mutlos macht. Geht man durch die eine Tür, steht man vor der nächsten. Irgendwann steht man vor der großen Mauer des »Sozialstaats«, die im Grundgesetz verankert ist und die so viele Lenkungsideen zu begründen scheint. Also auch das noch: eine Verfassungsänderung. Geht's nicht auch 'ne Nummer kleiner? Nein, geht es nicht.

Die Reformen, so sie denn tatsächlich passieren, können die Verschlimmerung der Lage nur verlangsamen. Sie bringen keinen grundlegenden Wandel zum Besseren, weil ihr Tenor lautet: Änderungen *innerhalb* der bestehenden Strukturen. Die Politik mag nicht von der Vorstellung lassen, es genüge, an den Ventilen zu drehen, um die Dinge zu richten: ein bisschen mehr für die Bildung, ein bisschen weniger für die Häuslebauer. Aber die Verteidiger des Status quo können die berechenbaren Kosten locker gegen die unberechenbaren Potenziale ausspielen, die Kurzfristigkeit gegen die Langfristigkeit, die Gegenwart gegen die Zukunft, die unmittelbaren Nachteile gegen den ungewissen Nutzen.

Was im schlimmsten Fall passiert: dass wir in den nächsten Jahrzehnten einige Regierungen erleben, die sich als »reformfreudig« wählen lassen und dann als »reformunfähig« abgewählt werden. Wir werden unseren nationalen Sinkflug fortsetzen, aber immer noch ein wohlhabendes Land sein. Also kein Grund zur Hysterie.

Und der beste Fall? Die Situation wird sich verschärfen. Die Placeboreformen werden zu oberflächlich greifen, wie es bei den jüngsten Gesetzesänderungen »Hartz I–IV« bereits absehbar ist – obwohl diese von vielen schon als grundstürzend geächtet wurden (wie man Gesetze nach einem Konzernmanager benennen konnte, ist mir schleierhaft). Sie werden die Strukturprobleme nicht vergessen machen – mehr noch: sie werden das *Mentalitätsproblem* nicht lösen. Das aber ist die eigentliche Herausforderung: Die Mentalitäten sich anzuschauen, die Blicke, die wir aufeinander werfen, die Menschenbilder, die dem politischen Handeln zugrunde liegen. Dann kämen wir in eine Situation, in der wir anerkennen, dass die Politik nicht die *Lösung* ist, sondern das *Problem*. Dann ließe sich die deutsche Leidenszeit wahrscheinlich auf etwa 15 Jahre verkürzen.

Es steht also ein tiefgreifender Umbau des deutschen Systems an. Aber dafür gibt es keinen Konsens. Was fehlt, so wird gesagt, ist eine positiv besetzte, gemeinsame Zukunftsidee. Etwas, worauf man sich freuen könnte. Eine Antwort auf die Frage: Wohin soll das führen? Wie sieht denn das Gute aus, auf das wir jetzt hinsteuern müssen?

Aber fehlt diese Leitidee wirklich? Vermissen wir da etwas? Zwar wird die allgemeine Orientierungslosigkeit als »negativ« erlebt, und das ist verständlich. Aber mir scheint die Wirrnis auf etwas Begrüßenswertes hinzudeuten, einen Zeitenwandel, auf einen Wechsel des Denkrahmens. Ja, es ist richtig, dass der Umbau der Gesellschaft eine gewisse Einigkeit darüber voraussetzt, wohin die Reise gehen soll. Und es ist auch richtig, dass wir nicht einträchtig auf ein gemeinsames Reiseziel zumarschieren. Hingegen: Kann das verwundern? Ist das überraschend? Vor allem aber: Ist das zu bedauern?

Mit sich selbst befreundet und solidarisch zugleich

Im 19. Jahrhundert konnte der Staat noch steuern. Ein von der großen Mehrzahl befürwortetes Menschenbild gab ihm Handlungssicherheit. Strikte Befehlsketten, die über Beamte als Rädchen schnurrten, funktionierten mechanisch berechenbar. Diese Zeiten sind vorbei. Seit dem Zweiten Weltkrieg sind mehrere Individualisierungswellen über unsere Gesellschaft hinweggespült und haben eine veränderte Landschaft hinterlassen. Die Gesellschaft hat sich, wie die Soziologen sagen, ausdifferenziert. Wir leben nun unter den Voraussetzungen verinnerlichter Demokratie. Die Menschen sind mit großen Freiräumen aufgewachsen, sind im Vergleich zu früher hervorragend ausgebildet. Wir haben uns vom »Wir« zum »Ich« bewegt, von der Kontinuität zum Wandel. Menschen lösen sich immer mehr von vorgegebenen Sozialformen, lösen sich auch von hergebrachten Normen. Traditionen, Vorbilder und Gebräuche haben ihre lebensprägende Wirkung verloren. Die Menschen sind mobiler in der Wahl und Abwahl der Partnerschaften, mobiler auch politisch. Die Flächentarife – auch die geistigen! – haben ihre Zukunft hinter sich. Kein System vermeintlicher Wahrheit gilt mehr für alle; jeder hat die Frage nach dem Richtigen und Falschen selbst zu beantworten. Und mehr denn je unterscheiden sich Menschen auch in ihrer Vorstellung vom Lebensglück. Was sie eint, ist dieses: Sie wollen ein *eigenes* Leben führen. Was Menschen wirklich bewegt, was sie anstreben, was für sie unverzichtbar ist – was immer das sein mag: Geld, Arbeit, Liebe, Macht, Gesundheit, Natur – all das sind nur elementare Voraussetzungen für ein eigenes, autonom geführtes Leben. Der Mensch, noch von Kafka auf seine Aktenlage reduziert, explodiert förmlich in seiner Lebensvielfalt.

Das wird oft missverstanden. Viele sehen darin eine Epidemie des Egoismus, eine Erosion des Sozialen. Aber nimmt man auch das Neue, das Beflügelnde, das Zukunftsfähige wahr? Sieht man auch das Kraftvolle und Bewegliche? Gemeinschaftskonstruktionen, die dem »großen Wir« verpflichtet sind, mögen gerechter und gleicher aussehen. In ihrem Innern jedoch wuchert das Misstrauen, das Jammern, die Lähmung, der Neid, die schlechte Laune. Auf den Staat zu hoffen, so schrieb der englische Denker John Locke vor mehr als 300 Jahren, das hieße »die Menschen für solche Narren zu halten, dass sie sich zwar bemühen, den Schaden zu verhüten, der ihnen durch Marder und Füchse entstehen kann, aber glücklich sind, ja, es für Sicherheit halten, von Löwen verschlungen zu werden«.

Wichtiger aber und grundsätzlicher: Die Bedenken unterstellen, der Mensch sei fähig, in ungebundener Beliebigkeit zu leben. Er ist es nicht. Er ist immer bezogen auf andere. Alle einschlägigen Forschungen zeigen, dass es mehr Generationensolidarität gibt, als es das Vorurteil einer »atomisierten Familie« vermuten lässt. Die Menschen wollen nach wie vor in Harmonie mit ihrer Umwelt leben. Sie wissen in ihrer übergroßen Mehrheit, dass sie sich selbst etwas Gutes tun, wenn sie anderen etwas Gutes tun. Erfolg, das heißt doch in der Regel: Jemand hat vielen gedient; sonst wäre er nicht erfolgreich. Sie wissen auch, dass, wer anderen schadet, sich selbst früher oder später schadet. Sie wollen immer noch »gut sein« – aber strikt im Interesse der eigenen Biographie, nicht irgendeiner von oben oktroyierten »Solidargemeinschaft«.

Der Soziologe Helmut Klages spricht von dem »Grundbedürfnis, Subjekt des eigenen Handelns zu sein, das keineswegs mit dem Gemeinsinn in Widerspruch steht«. Das ist wissenschaftlich gut belegt: Die Menschen sind keine bindungslosen Egomanen, die in sozialen Wüsten richtungslos herum flottieren. Sie sind keine kalten Psychopathen, denen die »Sorge um den anderen« gleichgültig ist. Wenn sie auch *nicht konform* sein wollen, so blicken sie doch keineswegs teilnahmslos auf das Gemeinwohl. Aber wenn sie solidarisch fühlen und leben, dann ist es eine *individuelle* Solidarität, eine *gewählte*. Keine »von Staats wegen«, keine auf dem Verordnungswege. Gemeinnützigkeit ja, aber nicht in Uniform, sondern in bunten und wechselnden Kleidern. Gegenseitige Hilfe ja, aber nicht in der großen und unentrinnbaren Kameradschaft aller, sondern in selbst gewählten Freundschaften. Unterstützung ja, aber nicht in gesichtsloser Anonymität, sondern in der persönlichen Begegnung.

Die Menschen lassen sich deshalb auch immer weniger auf vorgestanzte Institutionen ein, sondern schaffen sich eigene Unterstützungsnetze. Dies sind kleinräumige Sozialverbindungen, lokale Gruppen, Hilfen im Nahbereich und kommunale Initiativen bürgerschaftlichen Engagements. Wichtig ist dabei: Erstens – Diese sozialen Formen sind nicht einfach »da« und fordern zu Integration auf, sondern werden von den Menschen selbst und nach eigenen Vorstellungen gestaltet. Es sind »Bewegungen« – ein Grund, weshalb kadergeführte Organisationen wie Greenpeace oder Attac an Bedeutung verlieren. Zweitens – Das Mittun ist freiwillig, weder gezwungen noch genötigt. Drittens – Der tätige Gemeinsinn entspringt nicht einer moralinsauren Haltung der Selbstaufopferung, sondern dem Eigennutz: »Für sich selbst etwas tun« ist der Antrieb, »an sich selbst denken« will man, wenn man an den anderen denkt. Und viertens – Das Engagement ist zeitlich befristet – es beginnt, und es hat ein Ende.

Der Bürger kann heute beides: mit sich selbst befreundet sein und gleichzeitig solidarisch mit anderen – wenn ihm dieses »solidarisch« nicht vorgeschrieben wird. Er ist gemeinschaftsfähiger denn je, kann sich auf andere einstellen, mitfühlen, sich anpassen. Aber er ist sich seiner Singularität deutlicher bewusst als die Generationen vorher; sieht sich mehr als Einzelner im Unterschied zu anderen. Vor allem aber kämpft er einen verzweifelten Kleinkrieg gegen die genormte Behinderung einer staatlich standardisierten Institutionenumwelt. Er will niemandem vorschreiben, wie er leben soll; aber er wehrt sich dagegen, wenn ihm das Konzept vom guten Leben vorgeschrieben wird.

In Unternehmen mache ich gute Erfahrungen mit der Frage, was jemand wirklich *will* und was er wirklich *kann*. Dabei kann dieser »jemand« sowohl eine Person als auch eine Organisation sein. Ich mache schlechte Erfahrungen, wenn man Menschen in Stellenbeschreibungen quetscht; dann bekommt man lediglich Mittelmaß. Ich mache die schlechtesten Erfahrungen, wenn man der »Belegschaft« ein Wertekonzept überstülpt, so genannte »Leitbilder« oder »Visionen«. Dann explodiert der Zynismus.

Prokrustes hat ausgedient

Die Menschen sind immer die Richtigen. Die Organisationen sind die Falschen. Deshalb hilft es wenig, den Menschen eine einheitliche Lebenskonfektion zu verordnen und schon sind wir in der besten aller Welten. Unsere politischen Leitbilder entstammen einem überholten Gesellschaftszustand. Gerade der Staat orientiert sich immer noch an Typologien und modellhaften Maßstabbürgern aus dem Jahre 1948, jenem »Otto Normalverbraucher«, der tendenziell männlich ist, verheiratet, angestellt, etwa 38 Jahre alt, mit zwei Kindern. Was in diesen Standards nicht vorkommt: freie Künstler, lebenslanges Lernen, Selbstständige, ethnische Vielfalt, alleinerziehende Mütter, internationaler Wettbewerb, eine alternde Bevölkerung, die »patchwork«-Biographien, Muster komponiert aus vielen Mustern.

Vor allem aber die bürokratischen Massenorganisationen der staatlichen Daseinsfürsorge (Parteien, Gewerkschaften, Krankenkassen) leben weiterhin vom Sozialbewusstsein ihrer Entstehungsepoche. Sie verdanken ihre Existenz mithin Problemen, die ideologisch geworden sind: Nationalstaat, geschlossene Märkte, existenzbedrohende Armut. Die Situation, die sie voraussetzen, existiert nicht mehr beziehungsweise *so* nicht mehr. Zu komplex geworden sind die sozialen Entwicklungen innerhalb der Gesellschaft, zu gegenläufig und paradox – was diese Organisationen irritationsfest ignorieren, weil sie aus ihren verfestigten Logiken heraus keinen Zugang mehr zu den Umbrüchen finden. Wer eine Weltanschauung hat, braucht die Welt nicht anzuschauen.

»Demokratie«, so schrieb Friedrich von Hayek, »ist nur um den Preis zu haben, dass alleine solche Gebiete einer bewussten Lenkung unterworfen werden können, auf denen eine wirkliche Übereinstimmung über die Ziele besteht, während man andere Bereiche sich selber überlassen muss.« Nun, wo besteht diese Übereinstimmung noch? Sicher beim Schutz der äußeren Sicherheit, wohl ebenso beim Schutz des Rechts. Beim Schutz vor den großen Lebensrisiken wird es schon schwieriger: Was sind die großen Lebensrisiken? Ideologische Grabenkämpfe beginnen dann bei einer steuerfinanzierten Grundsicherung oder dem »Bürgergeld für alle«. Ja, der Staat kann und sollte dafür sorgen, dass jeder auf einem Mindestniveau am gesellschaftlichen Wohlstand teilhat. Wie weit das zu gehen hat, dass muss heute sicher anders beurteilt werden als in den Kinderjahren der Bundesrepublik. Die Antwort auf die Frage »Welchen Staat wollen wir?« kann aber nur lauten: »Welches Wir?« Denn das »Wir« als *Voraussetzung* für Politik – es existiert nicht mehr, jedenfalls nicht in der »großen« Form.

Wenn Zukunft nicht mehr kollektiv gedacht wird, sondern individuell, dann bedeutet das vor allem: Wir werden uns nicht auf gemeinsame Reformziele einigen können! Es gibt einfach keine *gemeinsame* Vorstellung vom »gelungenen« Leben (wenn ich ein »mehr« angehängt hätte, klänge das nach Verlust, und das ist es keineswegs). Da steht der Wunsch nach mehr Lebensqualität einerseits und Leistungsprinzip andererseits schroff gegeneinander, manchmal sogar *innerhalb* einer Person; man akzeptiert mehr Selbstverantwortung und will doch mehr Sicherheit; der eine sorgt sich um die Natur, der andere um seinen Arbeitsplatz, ein dritter um die Arbeitslosen, ein vierter um die Zukunft seiner Kinder, ein fünfter um seine Rente; die einen wollen mehr Zeit für Familie und Freunde, die anderen wollen lieber mehr Geld als Freizeit. Wo ist der Zukunftsgleichklang einer alleinerziehenden Krankenschwester, eines Pensionärs oder eines Angestellten multinationaler Konzerne? Die Reichen sind ohnehin immer die anderen.

Was viele nicht wahrhaben wollen: Soziale Homogenität ist nicht das *Ergebnis* der Sozialpolitik, sondern ihre *Voraussetzung*. Unsere Gesellschaft lebt aber nicht mehr von Homogenitäten, sondern von der »Varietät«. Deutschland wird ethnisch und lebensstilistisch immer heterogener werden. Die Menschen werden deshalb immer weniger bereit sein, sich für kollektive Großprogramme zu begeistern. Es ist unmöglich geworden, eine *kollektive* Antwort auf die Fragen der Zeit zu finden. Eben weil es unmöglich ist, die gesellschaftliche Lebensvielfalt unter eine richtungsgebende Kontrolle zu bringen. Je individueller und differenzierter die Bedürfnisse der Menschen werden, desto mehr entzieht sich die Komplexität des gesellschaftlichen Lebens dem steuernden Eingriff des Staates. Das sagt uns die Kybernetik. Deshalb hat es auch wenig Sinn, einen staatlichen Oberlehrer zu installieren, der weiterhin die »Gesellschaft« als Ganzes zum Bezugspunkt für Politik macht.

Aber stur versucht der Staat, dieser Vielfalt einen Wertekonsens »von oben« zu verordnen – und prallt daher immer härter gegen individuelle Lebensmodelle. Er hat das selbst organisierte Leben nicht im Blick, er hat noch selten etwas von kurzfristigen Arbeitswelten gehört und hat keine Ahnung, was leben und arbeiten unter eskalierenden Wettbewerbsbedingungen heißt. Mutmachen zum Selbermachen? Die Politik weiß nur, was Menschen sollen sollen. Sie halluziniert die Sehnsucht nach gemeinsamen Werten, Wir-Gefühl, langfristigen Bindungen, nach festen Regeln und Institutionen. Und stößt auf keine Resonanz mehr. Die Suche nach »Konsens«, den es in einer pluralistischen Gesellschaftsordnung im strengen Sinne gar nicht geben kann, liegt in dem Wunsch begründet, zusammenzupressen, was gar nicht zusammengehört; man will nicht entscheiden müssen, sich nicht schuldig machen, keine Verlierer produzieren. Deshalb werden Sachentscheidungen von zukunftssichernder Dimension nicht getroffen.

Aber: Was da von vielen als Gefahr erlebt wird, ist zugleich die Rettung. Denn das einzige, was die Vielfalt der Lebensweisen in den Griff kriegen kann, ist – Vielfalt. Wie das? Man kann Gesetze mit Dämmen vergleichen, die den Strom des gesellschaftlichen Lebens regeln. Im Allgemeinen funktioniert das. Es kommt aber vor, dass der Strom einen unbeugsamen Eigenwillen entwickelt, sich als der Stärkere erweist, sich gegen das Kanalisierte stemmt; dass er die Dämme unterspült, sich seinen eigenen Weg sucht und schließlich die Dämme formt, statt von ihnen geformt zu werden. Man ist also gut beraten, wenn man versteht, das Flussbett des Lebens so zu bauen, dass es breit und tief und kurvig genug ist, um Wirbel, Gegenströmungen, Brachwasser, Tümpel, Stromschnellen und Hochwasser zuzulassen.

Wenn wir den Menschen *gerecht* werden wollen, wenn wir der *Vielfalt* gerecht werden wollen, wenn wir also ein *Mehr an Ge-*

rechtigkeit wollen, dann lässt sich das nur über Freiheit verwirklichen. Die Menschen müssen ihre individuellen Werte behalten dürfen. Die Menschen müssen ihre Ziele selbst entscheiden und staatlich ungehindert verfolgen können. Nur dann besteht die Chance, dass sich langsam die festgefahrene Mentalität der Staatsergebenheit auflöst.

Wenn wir dahin wollen, dann müssen wir den bisherigen Ordnungsrahmen verlassen. Dann müssen wir den *Staat anders denken*. Denn der Raum, den der Staat einnimmt, seine Machtfülle und Allgegenwärtigkeit, ist keinesfalls selbstverständlich. Das war nicht immer so, und das wird auch nicht immer so sein. Und es ist auch keinesfalls selbstverständlich, dass die Politik meint, sich lenkend in das Leben der Bürger drängen zu dürfen. Bevor wir uns aber in die Gründe und Abgründe des Machens und Lassens stürzen, ist das Wichtigste anzusprechen: eine Revolution des Denkens! Ein Denken ohne Sicherheitsleinen. Wir brauchen einen Streit darüber, welches Bild der Staat vom Bürger hat. Erst danach können wir darüber streiten, was der Staat darf und was nicht, was er tun und was er lassen soll, wo er sich einmischen darf und wovon er seine Finger zu lassen hat.

Die konkrete Utopie: Freiheit

Was soll die gesellschaftliche Entwicklung bewirken? Amartya Sen, Nobelpreisträger der Ökonomie, hat eine Antwort versucht; ihr möchte ich mich anschließen: »Entwicklung«, so schreibt er, »ist der Prozess der Ausweitung von Freiheiten.« Ralf Dahrendorf hat das später aufgegriffen. Danach ist Freiheit als Leitwert weder Wohlstand noch soziale Teilnahme, weder harte Arbeit noch Zugang zu gesellschaftlichen Positionen, weder Bildung noch irgendeine »Gerechtigkeit«. Die unverwechselbare Grundbedeutung von Freiheit ist:

1. die Abwesenheit von Zwang und
2. die Ermutigung zur Eigentätigkeit.

Das zusammen ergibt Lebenschancen, das heißt Wahlmöglichkeiten. Genau das war auch Kants Rechtsauffassung: Der Staat ist die *freiwillige* Vereinigung der Menschen unter Rechtsgesetzen. Als Freiheitsordnung »a priori«. Das Gegenteil von staatlicher Gängelung ist eben nicht Chaos, sondern Gestaltungsfähigkeit, Freiraum, Selbstregelsetzung. Das meint vor allem die Freiheit, sein eigener Herr sein zu können ohne die nötigende Willkür eines anderen. Das Freiheitsprinzip als Grund, aber auch als Grenze des Staates. Das bedeutet, Lenkungszwecke aus dem Recht und dem Handeln des Staates zu bannen.

Ich mache mir nichts vor: Von allen politischen Kategorien ist Freiheit hierzulande die unbeliebteste. Und eine Freiheitsordnung »a priori« geht vielen zu weit. Sie halten es für unvermeidlich, sogar für angemessen, dass die Freiheit hinter die Lenkung zurücktritt. Sie fragen: »An welchem Punkt überwiegen die Kosten für die Freiheit den Gewinn durch staatliche Lenkung?« Darauf ist zu antworten: Diese Waagschale gehört in den Kaufladen! Dem pragmatischen Kalkül will ich hier strikte Buchstäblichkeit entgegensetzen: Freiheit ist nicht verhandelbar! Ich wende mich gegen eine Verrechnungspraxis, der keine Rechtsgarantie mehr heilig ist. Was immer man von staatlicher Lenkung halten mag – sie hat jedenfalls keinen Platz in der Auslegung einer Verfassung, die gerade entworfen wurde, um den Bürger *gegen den staatlichen Übergriff* zu sichern. Auch wenn dieser sich als Zwangsbeglückung freundlich maskiert.

Eine Politik der Freiheit will, dass sich Lebenschancen erweitern, auch dann, wenn die Ausweitung zunächst nicht allen gleichermaßen zugute kommt. Sie akzeptiert Ungleichheit als Element der Freiheit. Denn nicht jeder kann mit Freiheit gleich gut umgehen. Aber der weit überwiegende Teil. Und es ist auch richtig, dass die Flut des wirtschaftlichen Wachstums nicht alle Boote hebt. Die

Hilfe für eine Minderheit aber darf die Mehrheit nicht hilflos machen. Es sei denn, man will genau das. Wie die Lebenschancen der Erfolgreichen auf andere ausgeweitet werden können, das ist dann eine zweite Frage. Zunächst muss man den Leistungsfähigen einmal den Freiraum einräumen, erfolgreich zu werden. Erst dann kann man über das »Teilen« nachdenken.

Das, was wir dann Staat nennen, ist ein *reduzierter* Staat. Reduziert auf das Erlassen allgemeiner Regeln, des äußeren Schutzes und des Rechts. Wir brauchen, und das mag manchen überraschen, die Autorität des Staates nicht als *Hilfe,* sondern als *Macht.* Als Gewaltmonopolist, nicht als Fürsorger; als Macht, die die Entwicklung *freiwilliger* und *geordneter* Formen des Zusammenlebens ermöglicht. Der nur alle jene Wege zu diesem Ziel ausschließt, die mit Zwang verbunden sind. Der insofern »gleich-gültig« ist gegenüber den verschiedenen Wegen zum gelungenen Leben, so es nicht die Rechte eines anderen verletzt. Er muss gegenüber der frei gewählten Lebensführung seiner Bürger peinlich neutral sein.

Dieser Staat ist Methode, nicht Inhalt. Er darf verwalten, nicht regieren. Er lehnt »politische Führung« ab. Er hat kein eigenes »Interesse«. Er will weder erziehen, noch geistig lenken. Er will den Bürger nicht anreizen, nicht manipulieren, nicht verführen. Das Gemeinwohl wird nicht durch staatliche Lenkung hergestellt, sondern durch das lebenspraktische Wirken der Bürger. Wir Bürger sind in ihm Individuen, die von niemandem als Mittel zum Zweck benutzt werden dürfen. Wir Bürger sind in ihm nicht Objekte seiner Beeinflussung, sondern Subjekte unseres eigenen Handelns. Er gesteht auch jedem Bürger zu, seine eigenen Fehler zu machen. Dieser Staat behandelt uns mit Gelassenheit, er hält Distanz, ist zurückhaltend, mischt sich nicht ein. Er orientiert sich an drei Kriterien: Respekt! Respekt! Respekt! Er lässt uns unser Leben selbst entscheiden, wie und mit wem wir auf welche Weise zusammenleben wollen, welche Idee vom guten Leben wir dabei verfolgen und welche Menschen uns dabei *freiwillig* helfen wollen. Er vertraut unseren Fähigkeiten zur Problemlösung. Es geht ihm vor allem darum, möglichst jeden Menschen so leben zu lassen, wie es ihm oder ihr gefällt. Dieser Staat hat im Privatleben der Bürger schlicht nichts verloren.

Willst du was erreichen? Tue weniger!

Die alten Rezepte – die Geste des Machers, die umfassende Problemlösung, die »klare Linie«, der »Masterplan«, die Politik »aus einem Guss«, der Staat wird's richten!, neue Gesetze gegen die Schwarzarbeit!, neue Gremien für die Produktion von Nobelpreisträgern!, neue finanzielle Lockungen für Selbstständige! – all das gehört ins Antiquariat. Was heute Not tut, das sind keine Rezepte, das ist eine Haltung. Denn staatliche Willkürakte funktionieren nicht bei weichen Faktoren, die die harten sind. Sie funktionieren nicht bei Mentalitäten: nicht bei Ehrgeiz, nicht bei Beweglichkeit, nicht bei Selbstvertrauen. Gerade auf den Feldern, die Deutschland wieder nach vorne bringen können, kann der Staat nichts erzwingen oder erkaufen, nichts herbei-motivieren oder herbei-belohnen. Es kann es nur *ermöglichen.*

Ermöglichen, dass heißt vor dem Hintergrund des bisher Gesagten: Platz machen, Raum geben für unterschiedliche Lebenswirklichkeiten, für ein *selbstgesteuertes* Leben. Er muss *lassen*, weniger machen. Er muss verzichten, auf Macht und Einfluss. Er muss den eigenen Willen aufgeben. Ihm ist der Verwaltungs*weg* wichtiger als ein Regierungs*ziel.* Er muss mithin dem Anspruch entsagen, 1. ein normatives Gerüst für alle durchsetzen zu wollen, und 2. eine bestimmte Endzeitvorstellung erreichen zu wollen. Politisches Handeln kann heute nicht mehr darin liegen, Konflikte zwischen Klassen und Kollektiven zu lösen, sondern darin, das individuelle Handeln zu erleichtern. Aufgabe der Politik ist es weder die Bürger zu verwöhnen noch zu aktivieren, sondern in Ruhe zu lassen. Das heißt: Sich verabschieden von der großen Lösung für alle; die kleine Lösung für einige ist der weit modernere Weg. Reform, das ist dann die Re-Form, das Zurück-Formen, was vom Staat ver-formt wurde. Er muss wieder Diener werden. Ein guter Diener zwingt seine Dienstleistung nicht auf. Er reagiert auf das, was nachgefragt wird. Er hält sich im Hintergrund und zieht sich zurück, wenn er nicht mehr gebraucht wird. Er hält sich an das, was niemand besser als Friedrich Dürrenmatt gesagt hat: »Sei menschlich, nimm Abstand.«

Wie kann das konkret aussehen? Was kann der Bürger zu einer Gemeinschaft beitragen, die Distanz hält, die ihn respektiert, die ihn nicht erziehen will? Was tun, wenn wir Freiheit nicht verlegen mit »Sachzwängen« oder »Notwendigkeiten« verkaufen wollen, sondern sie für etwa Wunderbares halten? Was vorschlagen, wenn man nicht eine Position beziehen will, die man von vornherein mit milder Verständnisgeste als »verloren« bezeichnet? Denn der Staat ist ja eine Neurose, die in ihrer Selbsterhaltung weitaus kreativer ist als der von ihr geplagte Patient. So leicht lässt sich der Meinungsstammtisch der Volkserzieher nicht unterkriegen! Und aus dessen Perspektive bleibt der Entwurf einer Gesellschaft aus der Kraft der Freiheit reine Willkür und anarchische Spinnerei.

Die Antwort auf all diese Fragen *will* ich nicht geben, eine Großtheorie *kann* ich nicht leisten. Wichtiger noch: Ich lehne es ab, eine Gemeinschaft zu *planen*, in der jeder leben *soll*. Wer eine freie Gesellschaft will, der will keinen einheitlichen Zielkatalog durchsetzen. Der hat keine festgelegte Ansicht über das, was wichtig und was unwichtig ist. Er hat kein Leitbild. Jedenfalls nicht für die *ganze* Gesellschaft – außer dem der freien Gesellschaft natürlich, aber aus diesem Selbstwiderspruch kommt niemand heraus. Jedoch: *Wege* kann ich zeigen. Entschieden sogar. Mir wird zwar von der politischen Bühne dauernd gesagt, das Schlimmste, was man den Menschen zumuten könne, sei eine neue »Balance« zwischen kollektiver Sicherung und Eigenverantwortung (mutet irgendwie weicher an als »Selbstverantwortung«), und es mag sogar sein, dass in einigen Bereichen eine neue Balance ausreicht – in anderen reicht das nicht. Da geht es ums Abschaffen. So, wie die Dinge liegen, können wir gar nicht übertreiben. Da müssen wir fundamental korrigieren, nicht dekorieren. Da brauchen wir keine Weichzeichnerpolitik, keine Politik des »ein bisschen«. Da brauchen wir einen großen Wurf. Da geht es ums »Zumuten«, in dem sich der Mut wundervoll versteckt hat.

Wir leben in Zeiten, wie sie für eine wirklich fundamentale Wende kaum besser sein könnten. Mehr denn je sind die Worte John Gardners berechtigt, US-Minister unter Lyndon B. Johnson: »Wir stehen vor atemberaubenden Möglichkeiten, die als unlösbare Probleme verkleidet sind.«

Das Steuer-Rad abgeben!

First Things First: Das Steuer-Rad muss wieder dahin, wo es hingehört – in die Hand des Bürgers. Der Bürger muss selbst sein Leben steuern. Das heißt dreierlei:

1. Steuern senken

Die hohe Steuerlast ist ein historischer Treppenwitz; sie ignoriert Jahrzehnte gesellschaftlicher Individualisierung. Ist es schon fragwürdig, die freie Verfügungsgewalt des Individuums über sein Einkommen zu beschneiden, so ist eine derart hohe Steuerlast mit Freiheit und Eigentumsrechten vollständig unvereinbar. Wir brauchen also dringend eine Diskussion, was des Staates ist und was nicht. Wer ist eigentlich der Eigentümer von Arbeit? Der Staat? Oder der Bürger selbst? Wer hat das Recht auf den Ertrag von Arbeit? Die Bibel sprach vom »Zehnten« – also von einem Proportionaltarif von 10 Prozent. Das wäre etwa eine Zielmarke, auf die moderne, individualisierte Gesellschaften sich zubewegen können. Wenn Menschen ein eigenes Leben leben wollen, dann bedeutet das auch: über ihr Geld, über den Ertrag ihrer Anstrengung selbst zu verfügen – und nicht von anderen verfügen zu lassen. Niedrige Steuern würden jedenfalls die Bereitschaft des Staates signalisieren, der privaten Initiative mehr Freiraum zu geben und sich auf wenige Funktionen zurückzuziehen.

Dadurch steigt die Nettoeinkommensquote. Das ist das Geld, das die Menschen *selbst* in der Hand haben – wahrscheinlich der bedeutendste »gefühlte« Leistungsnachweis des einzelnen Bürgers. Es ist der Ausdruck seiner besten Kräfte, seines Talents, der Wertschätzung seiner Tauschpartner. Es ist auch eine wichtige, vielleicht für manche die wichtigste Stütze seines Selbstvertrauens. Nur wenn der Bürger sein Geld selbst ausgeben kann, erlebt er sich als autonom und selbstgesteuert. Nur das kann letztlich das legitime Ziel des Staates sein: die *Bedingungen für Autonomie* seiner Bürger herzustellen. Das führt direkt zur Bildung von Eigentum, denn nur dieses macht den Bürger mündig und voll urteilsfähig. Und natürlich muss die Arbeitslosenversicherung und die Arbeitslosenhilfe abgeschafft werden. Wenn die Menschen Rücklagen bilden *können*, ist es an ihnen, ob sie es tun.

Geben wir also den Menschen wieder mehr Geld in die Hand – nicht, um die Binnennachfrage zu erhöhen und so die Konjunktur anzukurbeln; an diesen Modellvorstellungen mag man berechtigt zweifeln. Mein Punkt ist *grundsätzlicher*: Lassen wir sie *selbst entscheiden*, was ihnen wichtig ist, was für sie Lebensqualität bedeutet, wieweit sie sich gegen die Risiken des Lebens versichern wollen. Das können die schon! Und wo bleibt die Gerechtigkeit? Ein gerechtes Steuersystem ist eine Illusion. Aber Ungerechtigkeiten sind bei niedrigen Steuern erträglicher.

Vorrangig geht es darum, die Einkommensteuer zu senken – nicht den Spitzensteuersatz zu diskutieren. Die Schlacht um den Spitzensteuersatz ist symbolische Beschwichtigungspolitik. Nicht dieser Satz ist entscheidend, sondern die Einkommenshöhe, *bei welcher er beginnt*. Das sind bei Verheirateten etwa 120 000 Euro jährlich. Dieser Betrag ist seit 1958 weitgehend unverändert geblieben. Damals war das etwa das 21-fache des durchschnittlichen Einkommens; heute nur noch etwa das 3-fache! Das nennt der Fachjargon »kalte Progression«. Sie verhindert die Kapitalbildung bei Selbstständigen sowie klein- und mittelständischen Unternehmen. Deren Kapitaldecke ist daher notorisch dünn – die niedrigste im Vergleich zu allen westlichen Industrieländern. Man nimmt aber lieber jährlich 40 000 Insolvenzen plus Verlust von Arbeitsplätzen in Kauf, anstatt ein Steuersystem zu entwickeln, das den KMUs eine krisensichernde Kapitaldecke erlaubt.

Auch der Kampf um Unternehmenssteuern ist eine politische Nebelkerze. Wir müssen uns klar machen, dass Steuern, die im Wertschöpfungsprozess der Unternehmen erhoben werden, sogleich wieder in die Preise weitergeleitet werden. Ein Unternehmen zahlt keine Steuern! Die Steuern werden immer eingepreist, sonst wäre das Unternehmen nicht mehr am Markt. Der Konsument zahlt sie, zusätzlich zu seinen anderen Steuern. Nicht zuletzt deshalb ist die faktische Last seiner Abgaben, die er dem staatlichen Eingriff zu verdanken hat, deutlich höher, als ihm zumeist bewusst ist. Gerade die Masse der Kleinverdiener glaubt beharrlich, der Staat tue vor allem etwas für die Schwächsten. Größer kann ein Irrtum kaum sein.

Wer aber aus Proporzgründen unbedingt die Unternehmen zur Kasse bitten will, der möge bedenken: Ein Unternehmen handelt schon dadurch sozial, dass es Arbeitsplätze schafft; das sollte man nicht bestrafen. Niedrige Unternehmenssteuern machen einen Standort überdies attraktiv, was wiederum Arbeitsplätze schaffen kann. Wenn es uns aber wirklich gelingt, den Staat zurückzudrängen, dann können wir problemlos von Unternehmenssteuern und Gewerbesteuern absehen. Die unverzichtbaren Ausgaben des Staates können durch Verbrauchssteuern aufgebracht werden. Wenn wir das Steuersystem weitgehend auf Verbrauchsbesteuerung umstellten, würde die Steuerlast transparent und das Besteuerungsverfahren entbürokratisiert. Überdies wäre es fair: Derjenige, der viel konsumiert, bezahlt auch viel – das Verursacherprinzip. Und indem es die Unternehmerkette steuerfrei lässt, ermutigt es Selbstständigkeit und Unternehmertum. Steuerliche Regelungen zur Gemeinnützigkeit würden überflüssig, Spenden und Schenkungen frei. Die Schwarzarbeit würde vollständig verschwinden.

»Aha«, höre ich schon die Kritiker sagen, »da hat sie sich entlarvt: die programmatisch verkrümmte Perspektive eines Besserverdienenden, der lediglich weniger Steuern zahlen will.« Sie mögen so denken. Aber es geht mir um die Bewegungsfreiheit des Bürgers, der *selbst entscheiden* kann, wie er sein Geld einsetzt. Zu unser aller Wohl.

2. Lenkungsnormen abschaffen

Heimat, das ist der Ort, an dem ich sein kann, wie ich *bin*; nicht, wie mich andere haben wollen. Menschen durch Steuern zu steuern ist mithin der Offenbarungseid einer freiheitsorientierten Politik. Schluss mit dem Missbrauch! Hätte ich nur einen Wunsch frei, es wäre dieser: Alle Lenkungsnormen aus der Gesetzgebung abschaffen, vor allem aus der Steuergesetzgebung. Wer sich eigensinnig rational und damit selbstverantwortlich verhält, darf deswegen nicht gleich gegen die eigenen Interessen verstoßen. Er soll sich verhalten, wie er will – innerhalb der Gesetze natürlich, aber ohne steuerliche Nachteile zu haben.

Das heißt: radikaler Umbau des Einkommenssteuersystems; das Gleichheitsgebot des Grundgesetzes ernst nehmen; den progressiven Steuertarif durch einen einheitlichen Steuersatz ersetzen. 10 Prozent, 20 Prozent, 30 Prozent? Das ist nachrangig. Aber Proportionalsteuer (flat tax), damit sich niemand arm rechnen kann. Keine Privilegien, keine Ausnahmen, keine Steuerschlupflöcher. Dann ist das System einfach. Und einfach ist fair. Leistung darf nicht »progressiv« oder »überproportional« bestraft werden. Auch das Ehegattensplitting, das Männer und Frauen in vormoderne Rollen drängt, ist längst verzichtbar. Hier ist das Hergebrachte nicht mehr das Angebrachte.

Diese Vorschläge sind nicht originell. Das haben schon andere gesagt, zuletzt der wissenschaftliche Beirat des Bundesfinanzministeriums im Herbst 2004. Aber in unserem Zusammenhang wird es anders begründet: Es vereinfacht nicht nur das System, es hat auch keinen leistungsbestrafenden Effekt mehr – und vor allem: es lenkt nicht mehr. Wer ein solches System »ungerecht« findet, möge bedenken, dass höhere Einkommen lediglich nicht überproportional belastet werden, allerdings die *absolute* Steuerzahlung natürlich mit der Einkommenshöhe steigt. Zudem: Die Steuerprogression verteuert die Arbeit progressiv; das führt zu Kostensteigerungen, die sich überallhin fortsetzen und auf der Ausgabenseite gerade die kleinen und mittleren Einkommen belasten.

Steuergerechtigkeit ist Steuergleichheit; Privilegien sind der Tod der Steuergerechtigkeit. Nur die steuerliche Gleichbehandlung stützt die Gemeinschaft. Heute haben die meisten Bürger nicht mehr das Gefühl, den Staat gemeinsam zu tragen, Teil einer Solidargemeinschaft zu sein. Ich habe keinen Zweifel, dass die Bürger mitzögen, wenn alle Abschreibungsmöglichkeiten auf einen Schlag entfielen, stattdessen die Steuersätze sänken. Wenn jeder weiß, dass der Erfolg des anderen zu einem bestimmten Prozentsatz *sicher* allen anderen zugute kommt, dann wird er weniger neidisch auf denjenigen blicken, der viel verdient – selbst wenn er selbst nur einen Bruchteil davon hat.

Steuergleichheit bedeutet auch: Abbau *aller* Subventionen – Rosinenpicken funktioniert nicht. Pauschal alle Subventionen jährlich um 10 Prozent kürzen. Unternehmerische Kraft entsteht nicht aus Zuschüssen, sondern aus Chancen für Absatz und Ertrag. Der Staat muss auch nicht den Hausbau fördern. Er kann den Bürgern so viel von ihrem Einkommen lassen, dass sie sich ein Haus ohne staatliche Hilfe leisten können. Er kann die Bauvorschriften so entrümpeln, dass das Bauen billiger wird. Eine Politik, die tatsächlich sozial und gerecht wäre – in den Konsequenzen, nicht in der Absicht! – würde der Mittelschicht keine staatlichen Finanzmittel zuwenden, dafür aber durch geringere Abgabenlast mehr finanzielle Autonomie einräumen. Statt die Mittelschicht mit der Gießkanne zu bedienen, sollte sich der Staat auf die wirklich Bedürftigen konzentrieren. Dafür müsste sich die Politik aber von der Bestechung der Wähler verabschieden. Will sie das?

Das alles heißt nicht, dass die Einkommensverteilung am Markt nicht prinzipiell korrekturbedürftig sein könnte. Es muss eine *Möglichkeit* bestehen, dass Alte, Kranke und Arbeitsunfähige aufgefangen werden *können*. Aber auf den Einzelfall beschränkt und vorzugsweise zeitlich begrenzt. Und dazu will ich mich freiwillig entscheiden, nicht gezwungen werden.

Eine Nebenbemerkung: Die Politik überzieht gerade den öffentlichen Dienst mit Bonussystemen und Lenkungsmechaniken. Der Staat rechtfertigt das mit dem Hinweis auf die Privatwirtschaft, die diese Systeme auch nutze. Und viele öffentliche Verwaltungen sind ja, was den Reifegrad der Managementtechniken angeht, in der Tat »zurückgeblieben«. Aber in dieser Zurückgebliebenheit steckt ein Riesenvorteil: Sie könnten viele Techniken der ersten Generation gleichsam überspringen und müssten Fehler nicht wiederholen. So wie Deutschland die Effekte einer »verspäteten« industriellen Entwicklung in den siebziger Jahren des 19. Jahrhunderts nutzte, um auf technisch höherem Niveau die Vorläuferstaaten England, Frankreich und Belgien bald zu überholen, so könnten auch die öffentlichen Verwaltungen auf einer reiferen Stufe der Managemententwicklung einsteigen. Das tun sie leider nicht. In der Regel wird imitiert und werden unter der Fahne des »New Public Management« jene leidvollen Erfahrungen wiedergekäut, die die Unternehmen der ersten Stunde machten. Schon bald werden sie umstellt sein von unerwünschten Handlungsfolgen, kämpfen gegen die unbeabsichtigten Konsequenzen der letzten Managementmode, sind nicht selten wie Prometheus gefesselt an den Stein der Eingewöhnung in desaströse Praktiken – denn die Geister, die man rief, wird man so schnell nicht mehr los. Wer mit Belohnungssystemen lenkt, wird mit Erfolgsmeldungen bestraft.

3. Steuern subjektivieren

Die große Leistung des Sozialismus war, dass er den Begriff »sozial« positiv aufgeladen, für sich reklamiert und vom Egoismus des Anspruchsdenkens entkleidet hat. Das ermöglichte es, die *direkte* Solidarität von Mensch zu Mensch zu schwächen, auf Solidar*systeme* zu verlagern und staatlich zu kontrollieren. Um es gleich auf den Punkt zu bringen: Ich will mir nicht vom Staat vorschreiben lassen, was das Gute ist und wie es zu unterstützen sei. Ich will *selber* Gutes tun – und auch das Gute *selber* bestimmen. Ich plädiere deshalb dafür, die Steuern zu subjektivieren – sie der Verteilungsentscheidung des Bürgers zu überlassen. Zumindest teilweise. Mag der Spitzensteuersatz bleiben, wie er ist; aber die Hälfte der Steuerzahlungen will ich selbst verteilen. Es funktioniert nicht, wenn wir von dem, was wir erwirtschaftet haben, nur bewusstlos etwas abgeben und in ein großes Loch schütten. Es muss eine Richtung haben. Es muss *für* etwas hergegeben werden. Etwas Konkretes – *diese* Schule, nicht irgendeine; *diese* Brücke, nicht irgendwo. Die vielen Beispiele des Sponsorings zeigen, was hier möglich ist.

In der Schweiz ist es für den Steuerzahler deutlich erkennbar, welche Summen er an die Gemeinde, an den Kanton und an den Bund abführt. Dadurch bleibt der Bezug zum Lokalen erhalten: »Hier bauen sie wieder eine Straße, und das mit meinem Geld.« Auch in der angelsächsischen Welt ist diese subjektivierte Steuer verbreitet. Dort hält sich ein Gentlemankapitalismus, der mit viel Freude und Einsatz 10 Millionen verdient und keine Mühe hat, davon 8 Millionen in eine Stiftung zu geben. Die private Hilfsbereitschaft ist dort noch nicht finanziell ausgelaugt und durch kollektive Zwangseinrichtungen geschwächt. Aber auch in Deutschland gibt es Beispiele: Berthold Beitz hat mit seiner Krupp-Stiftung hier Großartiges geleistet. Reichtum muss Spaß machen und Spaß machen dürfen. Man muss sich an seinem Erfolg freuen dürfen, ihn nicht verstecken, nicht heimlich tun, sondern offen und aktiv leben können.

»Leider wissen die Menschen hier nicht, dass das einzige Gefühl, das das Leben rechtfertigt, die Großzügigkeit ist.« (Peter Sloterdijk) Deshalb sind die Deutschen zwar wohlhabend, aber nicht zufrieden. Deshalb haben die Deutschen zwar Geld, aber geben es nicht aus. Deshalb halten die Deutschen ihre Besitztümer fest, aber erleben nicht die Begeisterung einer festlichen Spende. Deshalb sind die Deutschen untereinander vereinsamt und richten ihre Augen mit ergebenem Kälberblick auf den Staat.

Die Steuern subjektivieren, dazu gehört auch: den so genannten »Solidaritätszuschlag« abschaffen. Sofort. Dabei ist es einerlei, ob mit einem Schlag oder schrittweise über 10 Jahre. Wichtig ist nur, *dass* er abgeschafft wird. Nicht aus Geiz (das kann dem Westen nun wirklich niemand vorwerfen), sondern aus Einsicht in die katastrophalen Spätwirkungen der Subventionen. Der deutsche Osten wird als Drogenabhängiger auch in 30 Jahren nicht zum Westen aufschließen. Stattdessen wird er nach immer neuen Transferleistungen verlangen. Denn langfristige Subventionierung, die »Beschämungspolitik durch Geld« (Hans-Peter Krüger), ist die *Ursache* für wirtschaftlichen Rückstand. Sie verfälscht den Wettbewerb, bremst den Strukturwandel und lässt Unsummen versickern – letztlich macht sie alle unglücklich, was man sich in Deutschland Ost *und* West beispielhaft anschauen kann. Wenn wir dem Osten eine Chance geben wollen, dann müssen wir 15 Jahre durch ein Tal der Tränen; danach wird der Markt schon für eine Gegenbewegung sorgen. Eine Durststrecke überwinden ist immer noch besser als verdursten. Das für mich noch Wichtigere aber ist: Ich will mich nicht vom Staat in die Solidarität *zwingen* lassen. Ich wiederhole es, weil es mir viel bedeutet: Solidarität ist unverzichtbar, wenn sie freiwillig ist, wenn sie sich auf Einzelne bezieht oder im Nahbereich gelebt wird. Aber sie wird zerstörerisch, wenn sie erzwungen wird, wenn sie als kollektiver moralischer Imperativ, gar als politisches Programm zur Umerziehung eingesetzt wird. Für mich persönlich ist die Verhunzung der »Solidarität« eines der größten Verbrechen, das der Staat in den letzten Jahren begangen hat.

Die Steuern subjektivieren, dazu gehört letztlich auch, das Gefühl wieder zu beleben, dass es »unser« Staat ist und der Staat Geld braucht, wenn er seine Aufgaben erfüllen will – wie groß, oder besser: wie *klein* diese Aufgaben auch immer sein mögen. Wir müssen dem Staat etwas »geben« und das müssen wir persönlich tun. Nur dann entsteht auch ein Gefühl für Leistung und Gegenleistung. Es wird dem Bürger dann klar, was er als Arbeitnehmer an seinem Arbeitsplatz »eigentlich« verdient und welche Kosten er durch die Beanspruchung staatlicher Leistungen verursacht. Nur wer weiß, was ihn der Staat kostet, weil er seinen Anteil persönlich übergibt, wird bescheidener in der Inanspruchnahme. Und kostensensibler.

Staatliches Geld*ausgeben* muss im Bewusstsein der Bürger wieder mit staatlichem Geld*einsammeln* verknüpft werden. Deshalb muss der Bürger dem Staat das Geld auch »physisch« geben. Also: Keine automatische Abbuchung der Steuern vom Gehaltskonto.

Klein statt Groß

Gesellschaften arbeiten umso besser zusammen, je mehr sie Gemeinsinn *informell* durchsetzen können – das heißt jenseits von Regularien. Wechselseitigkeit ist dafür unersetzbar: wenn Individuen unsoziales Verhalten bestrafen und damit disziplinierend auf Trittbrettfahrer wirken. Aber diese informellen Sanktionen setzen die *Beobachtbarkeit* von Fehlverhalten voraus. Je mehr das Verhalten der anderen beobachtet werden kann, desto mehr wird Verantwortung persönlich übernommen, desto größer ist auch die Identifikation mit dem Ganzen.

Daraus ergeben sich Gesichtspunkte für die Politik der »kleinen Einheiten«. Verhalten kann man in kleinen Einheiten gut beobachten. Das heißt: Das, was der Staat durch seine Lenkungsideen im

Großen erfolglos versucht, das funktioniert im Kleinen: die Umstellung auf Steuerung durch »Kultur«, die Einhaltung sozialer Normen über informelle Sanktionen. Das gilt umso mehr, als die Mitglieder kleinerer Einheiten sich häufig wieder begegnen und wiederholt interagieren. Kleinere Einheiten sind zudem besser in der Lage, öffentliche Güter bereitzustellen. Sie können leichter dem Missbrauch öffentlicher Güter vorbeugen. Sie können genauer unterscheiden, wer wirklich Hilfe braucht und wer lediglich die Verantwortung für das eigene Leben allen anderen aufbürden will. Roberto Rossellini hat es so ausgedrückt: »Today people live in society, but they have forgotten to live in community. The heart of society is law, the heart of community is love.«

Auch wenn es paradox klingt: Je globaler unsere Welt, desto weniger funktioniert Großraumpolitik. Die EU war in dieser Hinsicht (nicht in allem!) ein Schritt in die grotesk falsche Richtung: kulturell naiv, historisch blind und anthropologisch ignorant. Die Ideen vom »guten Leben«, das sind keine weltumspannenden, keine gesichtslos austauschbaren. Sie realisieren sich im Kleinen, im Lokalen, in der Nachbarschaft. Die Bürger vor Ort wissen am besten, was ihnen der lokale Umweltschutz wert ist. Sie wissen selbst am besten, was gefördert und was verhindert werden soll. Sie können sich selbst organisieren und verfügen über eigene Problemlösungskräfte. Sie bilden freiwillige Assoziationen und vor allem: lösen sie wieder auf, wenn sich ihre Aufgabe erfüllt hat. Für die EU bedeutet das: Rückübertragung eines Großteils ihrer Kompetenzen an die Mitgliedsstaaten. Und für die Mitgliedsstaaten bedeutet das: Rückübertragung ihrer Kompetenzen auf die Gemeinden. Zum Beispiel: Lokale Steuerhoheit.

Meine Sympathie gehört daher der Vielfalt, dem freiwilligen Experiment, den kleinen Gemeinschaften innerhalb eines Systems. Konkret heißt das vor dem Hintergrund unserer staatlichen Verfasstheit: möglichst viele *Kollektiv*entscheidungen wieder zu *Individual*entscheidungen umzuwandeln. Nicht alle Gestaltungsaufgaben muss man national regeln; lokale Belange können lokal gelöst werden. Warum soll Duisburg nicht etwas entscheiden, was in Bochum anders entschieden wird? Die Zuständigkeit zwischen Bund, Ländern und Gemeinden muss entflochten und *weit* nach »unten« verlagert werden. Vor allem aber brauchen wir mehr Wettbewerb auf Länderebene – eine durchgreifende Föderalismusreform geht allen anderen Reformen voraus. Mehr Autonomie der Länder durch klare Zuordnung der Steuern! Jedes Bundesland muss die Möglichkeit haben, eigene Wege zu gehen. Das gilt auch für den Arbeitsmarkt oder die Schulpolitik. Der Finanzausgleich ist auf das Nötigste zu reduzieren. Nur so kann man die Länder zum Wettbewerb ermutigen, ohne sie bei Erfolg mit hohen Abführungen zu bestrafen. Und Wettbewerb, mehr Versuch und Irrtum, viele Experimente sind sicherer als ein Masterplan, den der staatliche Chefingenieur durchzusetzen befiehlt. Dezentralisierung schafft Lösungsvielfalt, Vergleichsmöglichkeiten und stärkt die Verantwortung. Wettbewerb ist nicht nur das beste Verfahren, um herauszufinden, was Menschen wollen – er ist das *einzige* Verfahren. Er entdeckt immer Neues, ordnet spontan und erfindet neue Kombinationen, die ohne ihn unentdeckt bleiben. Er entzieht sich aber der Effizienzbestimmung: Es gibt kein theoretisches Ideal, gegen das die spontane Ordnung zu vergleichen und zu bewerten wäre. Der Wettbewerb ist und bleibt ein Leben im Plural.

Bis hin zur Möglichkeit des »Opting out«: Warum nicht freiwillige Gemeinschaften ohne Mindest- und Höchstgrenzen zulassen? Warum nicht kleine autonome Rechtsgemeinschaften nach Wahl ermöglichen? Warum soll nicht – holen Sie tief Luft, jetzt wird es ernst – sagen wir: Rheinland-Pfalz sich von der Bundesrepublik trennen können? Warum soll nicht eine Gemeinde, zum Beispiel Essen-Borbeck, eine eigenständige Einheit sein, die sich in eine höhere Ordnung einbinden kann, aber nicht muss? Die im Extremfall Einzelmitglied eines föderalistischen Weltenbundes ist? So können alle möglichen Sonderformen ausprobiert werden; so kommt man in den Wettbewerb um beste Lösungen. Man muss nur die Folgen fehlgeschlagener Experimente selbst tragen.

Niemand nimmt sie einem ab. Aber sie sind dann auch nicht so weittragend wie die Lenkungskatastrophen, die der Staat verursacht.

Das mag bei erstem Hinsehen destruktiv klingen. »Kleinstaaterei! Sektierertum! Wollen Sie künftig eigene Briefmarken herausgeben?« – wohlfeil und schnell sind sie zur Stelle, die Totschlagphrasen aus dem wilhelminischen Berlin, die Unabhängigkeitserklärungen verhindern wollen. Davon sollten wir uns nicht vorschnell beeindrucken lassen. Wenn es darum geht, sinnvolle Spielregeln zu suchen, die stabile und friedliche Beziehungen versprechen, aber den einzelnen Menschen nicht zu sehr beengen und bedrängen, dann ist ein Recht auf Austritt keineswegs destruktiv, sondern aufbauend und ermutigend. Die Mehrheit wird dann Minderheiten anständig behandeln; zentralistische Tendenzen können ausbalanciert werden. Jeder weiß es doch, jeder spürt es: Das Kleine, das Lokale, die Gemeinde ist der Ort, an dem es uns leicht fällt, etwas für andere zu tun – und uns dabei gut zu fühlen. Visionen sind manchmal eben Re-Visionen.

Aber wie viel Individualität darf sich ausdehnen, ohne dass Staaten unregierbar werden? Die Antwort kann nur lauten: Sie sind längst unregierbar! Die Wirtschaft hat sich schneller globalisiert als das Staatensystem; die Politik hält nicht mehr Schritt mit strukturellen Umbrüchen und Mentalitätsveränderungen. Viele der heutigen moralischen Forderungen entstammen im Grunde der Erlebnissphäre der Familie und Kleingruppe. So die »Nachhaltigkeit«, die »Solidarität«, der »Schutz«, das »Teilen«. Dort sind sie durch nichts zu ersetzen, dort sind sie sinnvoll, dort gehören sie auch hin. Wenn sie aber auf ein Gesellschaftssystem ausgeweitet werden, dann verlieren sie ihren Wert. Dann kann man seine Entscheidungen nicht mehr selbst kontrollieren, dann ist man nicht mehr persönlich verantwortlich, dann ist man politischer Willkür ausgeliefert. Dann schlägt das Teilen und Schützen um in eine Ethik der Unterdrückung. Zur Nächstenliebe ist der Mensch in der Lage; die Fernstenliebe überfordert ihn.

Unternehmen statt Geldabholen

Macht es nicht Mut zu sehen, wenn jemand etwas in eigener Regie beginnt? Wenn einer etwas gründet? Wenn jemand es schafft, sich den Schwitzkästen zu entwinden, in die staatlicher und gesellschaftlicher Anpassungsdruck ihn genommen haben? Wenn einer sich selbstständig macht? Sich selbstständig macht nicht nur als Unternehmer, sondern in einem erweiterten Sinne: sich selbstständig macht gegenüber jenen, deren Erwartungen ihn bisher fesselten? Der entschieden zur eigenen Sicht steht, zum eigenständigen Handeln? Der Courage hat: Lieber initiativ als gehorsam; lieber tun, was möglich ist, als fragen, was zu tun erlaubt ist; ein eigenes Leben führen, nicht Schicksal erleiden; die Konsequenzen seiner Entscheidungen selber tragen, nicht anderen aufbürden; vom Planen zum Handeln kommen, von der Disziplin zur Autonomie, von der Identifikation zur Identität, von der Anpassung zur Selbstbestimmung. Unsere wahren Wohlstandsreserven sind qualifizierte Menschen, die ihr Leben in die eigene Hand nehmen; das kostbarste Gut für die Zukunft Deutschlands ist Bereitschaft zum Unternehmertum. Und damit zum Risiko.

Die Politik ignoriert diese Tatsache beharrlich. Sie unterstellt einfach eine gewisse Zahl von Unternehmern, die irgendwie da sind und Arbeitsplätze zur Verfügung stellen. Sie unterläuft die Gründe zur Gründung. Sie ist blind dafür, dass sie mit einem großen Teil ihrer Steuerpolitik nicht nur die Unternehmen zerstört, indem sie Erfolg bestraft, sondern vor allem den Unternehmergeist aus diesem Land hinaustreibt. Dazu gehört auch das irritationsfeste Festhalten am Klischee des Zigarre rauchenden Ausbeuterkapitalisten, der immer mal wieder herausgeholt wird, zuletzt bei der Diskussion um die »Ausbildungsabgabe«. Es mag ihn geben, aber man findet ihn – wenn überhaupt – vorrangig in staatsgeschützten Groß-AGs, nicht in unternehmergeführten Firmen. Die risikolose Bereicherungskaste der Manager ist nicht mit selbst haftenden Unternehmern in einen Topf zu werfen.

Wir haben schon alles ausprobiert – nur Selbstständigkeit und Unternehmertum noch nicht. Deshalb reden alle vom Staat, von falscher Politik; und niemand nimmt sich der Rolle an, die den Unternehmern bei der Überwindung der Krise zukommt: ihrer Motivation, ihrer Kompetenz – und vor allem des institutionellen Rahmens, den sie vorfinden. Zur Erinnerung: In keinem europäischen Land ist der Anteil der Selbstständigen an allen Berufsgruppen niedriger.

Wenn man auch nur annähernd wieder aus Deutschland ein starkes, ein zukunftsgewandtes Land machen will, wenn man vor allem die Massenarbeitslosigkeit bekämpfen will, dann gibt es dafür nur einen – ich betone: nur diesen! – Weg: Wir müssen die Unternehmertätigkeit erleichtern. Nur Unternehmergeist bringt uns wieder voran, Respekt vor Leistung und den Selbstständigen, die zumeist *selbst* und *ständig* arbeiten. Jeder Selbstständige steigert unseren Wohlstand um ein Vielfaches mehr als ein Lohnempfänger, gar ein Staatslohnempfänger. Unternehmer sein, kreativ sein, persönlich haften – das darf nicht etwas Besonderes sein. Das darf nicht etwas sein, was Begüterten zusteht und was Bildungsphilister heimlich verachten. Das darf nicht etwas sein, was man als Ich-AG für Dauerarbeitslose konstruiert. Das darf nicht die Ausnahme sein, das muss die Regel werden. Wirksam helfen können wir den Menschen in Zeiten der Globalisierung nur, wenn wir die Selbstständigkeit erleichtern – mental und organisatorisch.

Das heißt unter den gegenwärtigen Bedingungen: Radikaler Rückbau der staatlichen Regulierung. Nur indem wir das Wachstum des Staates reduzieren, können wir das Wachstum des Unternehmertums erhöhen. Das, was Helmut Schmidt für den Osten forderte, muss für ganz Deutschland gelten: Für 25 Jahre eine große Zahl einengender Vorschriften aussetzen. Im Bau- und Planungsrecht, im Arbeitsrecht, im Wirtschaftsrecht. Es muss leicht sein, ein Unternehmen zu gründen. Die 40 000 Unternehmenspleiten jährlich sind nicht zuletzt auf lange Genehmigungsverfahren, kostspielige Hilfsdienste für Behörden sowie die Knute des Tarifkartells zurückzuführen. Jeder Zwang, der die Entwicklung des Unternehmertums in Deutschland bremst, muss abgeschafft werden. Dazu gehört der Gebietsschutz im Franchising: Der Tüchtige kann nicht expandieren, wenn sich der Träge ausruht. Dazu gehört das »Gesetz gegen den unlauteren Wettbewerb« – zu großen Teilen ein Gesetz gegen den Wettbewerb überhaupt. Meist sollen Märkte geschützt, »Berufsordnungen« erhalten und Konkurrenz zugunsten der Etablierten abgewehrt werden – wir können schon lange darauf verzichten. Wir brauchen auch mehr Freiheit für die Ausgestaltung von projektgebundenen Arbeitsverhältnissen und vor allem der *Zeitarbeit* – der *wirklichen* »Agentur für Arbeit« in diesem Lande. Das nähert uns einem ausgeglichenen Arbeitsmarkt mehr an als jede Subventionierung von Einkommen. Ebenso muss die Pflichtmitgliedschaft in der Handwerkskammer beendet werden; die Wahl der Handwerksversicherung muss frei sein. Das Handwerk soll ohne Gängelung arbeiten dürfen. Deshalb sollten wir den »Großen Befähigungsnachweis im deutschen Handwerk«, den so genannten »Meisterzwang«, abschaffen. Er schützt nur die Absatzmärkte der Etablierten und hemmt die Selbstständigkeit. Es ist ein Unding, dass man zum selbstständigen Putzen einer Telefonzelle einen Meisterbrief vorweisen muss – kein Wunder, dass die Selbstständigenquote niedrig ist. Ohne Meisterzwang könnten nach seriösen Schätzungen bis zu 500 000 neue Arbeitsplätze entstehen. Die Qualität? Gute Friseure werden erfolgreich sein, schlechte nicht. Mit oder ohne Meisterbrief. Wieder eine Frage des Vertrauens: Ich habe keinen Zweifel, dass die Bürger auch ohne Zertifikat einen fähigen Maler oder Tischler auswählen können. Und ich kann mir nicht vorstellen, dass es dazu noch mehr zu sagen gibt – es sei denn, jemand möchte die staatliche Schutzgelderpressung verteidigen. Erst wenn der Unternehmer darauf vertrauen kann, dass ihm von staatlicher Seite nicht immer neue Kosten und regulative Knechtungen drohen, wird er sich ermutigt fühlen, den Schritt ins Risiko zu wagen. Und er wird Arbeitsplätze schaffen. Und Ausbildungsplätze – ganz ohne Abgaben.

Unternehmertätigkeit erleichtern, das heißt auch:

1. Einüben von Kompetenzen, die Menschen für die Übernahme der Unternehmerrolle qualifizieren. In anderen Ländern hat jeder Schulabgänger etwas über Mikro- und Makroökonomie, Arbeitsrecht und Buchführung gehört. In der deutschen Schule kommt die betriebliche Wirtschaft schlicht nicht vor. Das muss sich ändern.
2. Der Staat darf nicht mehr als Auffanggesellschaft für Unternehmen dienen, die sich aus dem Markt gewirtschaftet haben. Pleiten sind nützliche Ausleseprozesse, ohne sie werden niemals neue Wissensgebiete erobert und innovative Geschäftsmöglichkeiten ausprobiert. Misserfolg darf nicht mehr belohnt werden.

Ohne unternehmerisches Kalkül, ohne persönliches Risiko, ohne die Möglichkeit des Scheiterns und des großen Gewinns gibt es für eine Gesellschaft keine Zukunft. Die risikolose Gesellschaft ist eine stagnierende. Und letztlich eine sterbende. Eine Gesellschaft, die vor den Risiken der Freiheit zurückschreckt, setzt sich mithin dem viel größeren Risiko aus: zurückzufallen gegenüber den mutigeren, freiheitlicheren Gesellschaften. Ohne eine neue Unternehmerbewegung, so wie es früher mal eine Arbeiterbewegung gab, werden wir den Anschluss völlig verlieren. Nur Unternehmer können wirklich Wert in großem Stil schöpfen. Nur Unternehmer können gegenüber der verantwortungslosen Großfinanz ein Gegengewicht bilden. Nur Unternehmer können den kruden Managerkapitalismus zurückdrängen. Und nur Unternehmer können zeigen, dass die operative Wirtschaft Wohlstand schafft – und nicht die Arroganz der Casinokönige.

Mehr Unternehmermut in Deutschland: Damit meine ich aber nicht nur jenen, der eine Firma gründet; sondern auch ... jene Kunstlehrerin, die eigeninitiativ Kontakt zu Künstlern und Museen aufbaut, Ausstellungen für ihre Schüler organisiert – und *nicht* in ihrem Kollegium dafür scheel angesehen, sondern unterstützt wird ... jene christliche Familie, die ihre Kinder zu Hause erziehen will – und von Lehrern und anderen Eltern dazu ermutigt wird ... jenen Hotelier, der aus eigener Tasche einen Straßentunnel finanzieren will – und nicht von den Behörden über zehn Jahre daran gehindert wird ... jenen Beamten der Stadt Kassel, der mehr als 500 Sozialhilfeempfänger zu Existenzgründern gemacht hat ... jene Bewohner eines Hauses, die sich wechselseitig helfen ... jene Frau, die sich gegen Behördenwillkür zur Wehr setzt ... ich meine all jene, die unternehmer*isch* denken und handeln, die Verantwortung übernehmen – egal wo sie stehen, leben, arbeiten. Ihr Tun ist um so bemerkenswerter, betrachtet man die staatlichen Beschränkungen, unter denen sie sich mühen.

Deregulierung statt Dauerbevormundung

In meiner Heimatstadt Essen liegt der Baldeneysee, der von einem fast 15 km langen Spazierweg umsäumt wird. An sonnigen Wochenenden tummeln sich dort Familien mit ihren Kindern, Fahrradfahrer, Inlineskater und Jogger. Dies in solcher Dichte, dass gegenseitige Rücksichtnahme oft schwer fällt, aber unersetzlich ist. Es war immer ein fröhliches Durcheinander, man ging, lief oder fuhr wie es jedem gerade gefiel, mal rechts, mal links, vorsichtig bei »Gegenverkehr«, riskanter bei freier Strecke; einige bevorzugten beharrlich die Seeseite, andere blieben beim gewohnten Rechtsverkehr. Bis vor einigen Jahren ein Radrennfahrer eine ältere Frau schwer verletzte. Der Stadtrat sah Handlungsbedarf und – wie üblich – *verregelte* die Situation. Mittig längs des Weges wurde nun eine weiße Trennlinie gezogen, alle 500 m Hinweisschilder aufgestellt: Links – Fußgänger! Rechts – Radfahrer! Damit glaubte man das Problem erledigt zu haben. Aber was passierte? Die Unfallzahlen explodierten! In einem Jahr sogar zweistellig. Wie das? Nun, die Sache war ja jetzt verregelt, jeder fühlte sich im Recht und ließ alle Umsicht sausen. Wo man sich früher selbst disziplinierte, vertraute man nun der amtlich vorgegebenen Ordnung; wo man sich früher in Erwartung des Unerwarteten bewegte, ging man nun vom »Gleichschritt« aus; wo man früher alle paar Meter auf eine neue Situation stieß und sich flexibel auf sie einstellte, reduzierte man sein Verhaltensrepertoire auf »Augen zu und durch!«.

Genau das ist es doch, was wir überwinden müssen: Innovationsschwäche aus Wagnisfurcht.

Wenn der Bürger wieder beweglicher werden soll, dann braucht er vor allem eins: Raum. Ohne Raum keine Bewegung. Und dafür müssen wir uns die Strukturen anschauen, die die Mentalitäten erzeugen. Wenn diese vom Bild des Bürgers als ein zu schützendes und zu verregelndes Mängelwesen her gedacht werden, dann werden wir unsere Zögerlichkeit nie überwinden.

Nehmen wir als Beispiel die Arbeitslosigkeit. Sie kommt in den Reden der Politiker fast nur noch als Ergebnis mangelnder Eigenmotivation vor. Das ist Unsinn. Der von ihnen geschaffene strukturelle Rahmen produziert Arbeitslosigkeit – oder Schwarzarbeit. Deshalb darf man das Wechselspiel von Angebot und Nachfrage nicht behindern, deshalb muss die zentralistisch überdehnte Bürokratie zurückgenommen werden. Der beste Schutz vor Ausbeutung, Kündigung und schlechter Behandlung durch Vorgesetzte ist ein freier Arbeitsmarkt. Wer also *wirklich* die Massenarbeitslosigkeit bekämpfen will, der muss den Abschluss von Arbeitsverträgen freigeben.

Das sehen einige anders, und ihre Argumente respektiere ich. Auch ich zweifle oft, ob der Markt der Universalkleber für *alle* Probleme des Arbeitssektors ist. Aber für mich ist Vertragsfreiheit ein *unbedingter* Wert, es geht mir darum, sie wiederzuerlangen, nicht nur darum, die Chancen für Arbeitslose zu verbessern. Wer dem zustimmt, der darf keinen Kündigungs-»Schutz« anerkennen; der darf keine staatliche Lenkung über Mindest- oder Höchsteinkommen akzeptieren. Zum Beispiel: Nachtarbeiter. Ihre Entlohnung ist Sache der Nachtarbeiter und des Unternehmens, nicht des

Staates; auch nicht irgendwelcher »Tarifparteien«. Deshalb muss man nicht gleich zum Generalangriff auf die Gewerkschaften blasen – auch wenn ich Machtausüben ohne Verantwortung widerlich finde. Aber das Thema wird sich ohnehin bald selbst erledigen. Die Gewerkschaften sollen jedoch nur ihre eigenen Mitglieder vertreten dürfen – und nicht weiter ihren Machtanspruch mit Fürsorge bemänteln. Überdies sind Gewerkschaften nicht besser oder schlechter als der Arbeitgeberverband oder der Sprecherausschuss für leitende Angestellte.

Die Welt überschrieb einen Artikel zu den Anti-Hartz-Protesten im Sommer 2004 mit »Aufruhr der Entbehrlichen«. Nein, niemand ist entbehrlich. Arbeit ist genug für alle da. Und alle werden Arbeit finden, wenn man den Mechanismus aus Angebot und Nachfrage nicht außer Kraft setzt. Genau das macht aber das Kartell der Tarifparteien. Es ist ein *Kartell gegen Arbeitssuchende.* Den Markt wird man nicht abschaffen können. Wem aber Worte wie »Teilnahme« oder »Chancen« wirklich etwas bedeuten, der muss dafür sorgen, *dass niemand von seiner Marktchance abgeschnitten wird.* Niemand darf über hohe Fixlöhne daran gehindert werden, zu Arbeit zu kommen. Wir müssen den Menschen die Gelegenheit einräumen, ihr Leben wieder in die Hand zu nehmen. Legal, nicht über Schwarzmärkte.

Wer zu diesem Schritt nicht bereit ist, wer keine Vertragsfreiheit will, dem sind die Chancen für Arbeitslose auch nicht wirklich wichtig; dem sind andere Dinge wichtiger – zum Beispiel die (vorläufige) Sicherung der Einkommenshöhe von Arbeitsplatz*besitzern.* Oder staatliche Einflussmöglichkeit. Oder Auslastung der Regulationsbehörden. Muss man heute noch ausdrücklich für die Auflösung der Agentur für Arbeit plädieren? Sie hat sich schon selbst lange ad absurdum geführt – egal, wie man die Etiketten wechselt. Wie jede staatliche Bürokratie hat sie ein vitales Interesse, das Übel nicht zu klein werden zu lassen, das sie zu bekämpfen vorgibt. Es gibt genügend seriöse privatwirtschaftliche Alternativen. Aber wirklich wichtig ist nur dies: Arbeitslosigkeit kann man nicht durch Verwaltung bekämpfen, sondern durch Vertragsfreiheit und wirtschaftliches Wachstum.

Und wer über Entlassungen von Arbeitnehmern zürnt, der möge bedenken: Noch immer verlassen rein statistisch mehr Arbeitnehmer den Arbeitgeber als umgekehrt. Freiwillig, ohne dass der Arbeitgeber dagegen etwas machen könnte; sie gehen einfach weg, nehmen auch die *Investition* in ihr Wissen mit zu einem anderen Arbeitgeber. Sollten wir deshalb einen *Kündigungsschutz für Arbeitgeber* einführen? Wenn das Glück der Menschen in dieser Welt nicht nur eine Illusion sein soll, dann müssen wir ihnen Erwachsensein unterstellen und auch Erwachsensein zumuten.

Bürgergesellschaft statt Staatsgesellschaft

Wem soll man etwas sagen? Wer soll handeln? Wenn man nicht »bösen Mächten« glauben will, dann lässt sich die Politik kaum allein als »Schuldige« an der gegenwärtigen Misere Deutschlands dingfest machen. Das zirkuläre Geflecht von Verwöhnungsforderung der Bürger, Eigeninteresse der Politik und selbstlaufender Bürokratie hat keinen Anfang. Wir müssen die Scheinwerfer erneut drehen: Wir, die Bürger, sind vor allem gefragt. Wir müssen uns selbst etwas sagen. *Uns* betrifft es. Das einzige, was uns von einer wirklich besseren Zukunft abhält, sind wir selber. Könnte es nicht auch sein, dass wir unsere eigene Unbeweglichkeit immer mal gerne der Bürokratie in die Schuhe schieben? Könnte es nicht auch sein, dass wir unsere Mut- und Ideenlosigkeit mit dem Einfluss des Sozialstaats entschuldigen? Könnte es nicht auch sein, dass die Politik nur deshalb ein Spielfeld für mittlere Talente geworden ist, weil Fähigere Nase rümpfend zur Seite stehen? So wie es vor 1933 schon einmal war?

Zunächst unsere wichtigste und schwierigste Aufgabe: Die Sensoren schärfen! Wir müssen wieder empfindsam werden für die versteckten Infantilisierungen, Entmündigungen, Zwangsbeglückungen. In den Nachrichten, in den Talkshows, in den vielfältigen Angeboten zur Selbstverkindlichung. Wir müssen wieder ein Gefühl für die *Ablehnung* entwickeln, die in dem staatlichen Zurichtungswillen steckt, uns gegen das »Paß dich an!« empören, das sich verbirgt hinter wohlanständig klingenden »Förderprogrammen« und »Schutzmaßnahmen«. Provozierbar müssen wir sein! Was geht es den Staat an, ob ich rauche, dick bin, wofür ich mein Geld ausgebe oder auch *nicht* ausgebe? Wir Bürger müssen mit geschärften Sinnen durch die Welt der »großen Verführung« wandern, die mit der Freiheit, der Würde, der Autonomie des Einzelnen kaum noch etwas anzufangen weiß. Wir müssen wachsam sein gegenüber jeder Form von Distanzlosigkeit, Bevormundung und Infantilisierung. Bevor wir das Erstgeburtsrecht unserer Bürgerwürde gegen das Linsengericht des Anpassens verkaufen, sollten wir erkennen, dass damit unser Stolz, unser Wohlstand und unsere Lebensqualität ihr Ende fände. Kein finsterer Leviathan wäre daran schuld. Nur wir selbst – weil wir unaufmerksam waren.

Und wir müssen *selbst* handeln. Wir müssen uns die Gesellschaft wieder aneignen. Das heißt: dem Staat entreißen. Wir müssen gesellschaftliche Verantwortung übernehmen, uns einmischen. Wir müssen uns bürgerschaftlich engagieren, das Prinzip der Gegenseitigkeit wiederentdecken, die Verantwortung für den Nahbereich. Denn das Recht auf ein individuelles Leben bedingt die Pflicht zur Beteiligung am Allgemeinen. Eine geschenkte Freiheit ist nichts wert; wir müssen sie *täglich* neu erobern. Wir dürfen uns nicht länger behindern lassen von politischen Oberlehrern, Besserwissern und Alleskönnern, die keinen Respekt zeigen vor jenen, für die sie arbeiten und die sie bezahlen. *Wir* müssen anfangen, *wir* müssen die Verantwortung übernehmen – sie kann nicht gepredigt, nur getragen werden. Das Genossenschaftswesen hat trotz vieler Rückschläge einige Aspekte bewahrt, die anzusehen sich lohnt.

Und wehren können wir uns. Mit zwei einfachen Mitteln. Das eine besteht darin, all jene zu unterstützen, die sich gegen die Volksmoralisten stemmen. Es gibt sie, allerdings muss man manchmal nach ihnen suchen. Dort kann man sich beteiligen. Jeder Bürger muss seinem lokalen Politiker permanent auf die Zehen treten. Wir müssen für mehr »Nichtbeamte« im Parlament sorgen – unabhängig von der politischen Farbe.

Das andere Mittel steht wirklich jedem zur Verfügung. Es besteht darin, der Pädagogisierung der Politik nicht mehr zuzuschauen und dem staatlichen Oberlehrer keinen Beifall mehr zu zollen. Wer schlechte Witze erzählt und keine Lacher mehr erntet, wird irgendwann damit aufhören. Wir können die Einladung des Staates zur Selbstentmündigung ausschlagen: auf »Förderung« verzichten, Zuschüsse ablehnen – auch wenn uns der höhnische Alltagsverstand »Masochismus!« zuruft. In der Tat, kostenlos ist das nicht zu haben. Aber niemand kann uns zwingen, in die Möhre hineinzubeißen, die uns vor der Nase baumelt. Niemand kann uns zu irgendeinem Handeln verführen, wenn wir es nicht wollen. Wir müssen uns nicht lenken lassen. Wir müssen unser Leben nicht nach dem Prinzip des größtmöglichen Steuervorteils ausrichten. Wir müssen uns nicht vom Staat vorschreiben lassen, wie wir unsere Lebenszeit verbringen. Mehr noch: Wir können Einfluss nehmen. Wir können Produkte meiden, an denen Subventionen kleben. Wir können subventionierten Unternehmen die eigene Kaufkraft zeigen: einfach dort nicht einkaufen. Wir können quasselige Politsendungen durch niedrige Einschaltquoten abstrafen. Wir können das Kleine dem Großen vorziehen, das Lokale begünstigen, das Besondere, den Laden an der Ecke. Wir müssen uns nicht von Rabatten, Meilen und Bonuspunkten zu Pudeln abrichten lassen, die nach Leckereien japsen. Wir müssen uns auch nicht verbeamten lassen. Wir können uns sogar selbstständig machen. Und Unternehmensführer können, dem Beispiel Porsche folgend, auf staatliche Hilfe ganz bewusst verzichten. Das alles *können* wir tun. Wenn wir *wollen*. Wenn jeder an seinem Ort ein kleines Stück mehr Selbstverantwortung und Eigensinn lebt, dann werden sich die Effekte addieren.

Freiheit, auf ihr ruht unsere liberale Zivilisation. Sie ist nicht Mittel, sondern Selbstzweck. Aber ihre Freiräume schrumpfen stetig. Weil wir uns zu viel gefallen lassen. Weil wir keine Verantwortung übernehmen. Weil wir nicht handeln – und Nicht-Handeln heißt *Zustimmen*. Wer Freiheit will, der muss auch bereit sein, den Preis dafür zu zahlen. Was das heißt, weiß jeder in dem Moment, in dem es gefordert ist.

Vertrauen statt Misstrauen

»Der Mensch ist frei geboren und liegt doch überall in Ketten.« So beginnt Rousseau seinen *Gesellschaftsvertrag*, um nach vielen Denkumwegen endlich wieder Ketten zu empfehlen: die Ketten der Volkspädagogik. Wie auch konnte man das Volk in die Freiheit entlassen ohne es zu dressieren?

Das war gestern. Wenn heute die Überbausysteme der Politik mit den radikalen Veränderungen der Gesellschaft nicht mehr mithalten können, wenn sie einfach zu langsam und zu undifferenziert sind, dann bleibt gar nichts anderes, als dem Menschen zu vertrauen, seiner Anpassungsfähigkeit, seiner Flexibilität. Genau das ist es letztlich, worum es geht: Wir brauchen mehr Vertrauen in die Individualität; eine Sicht auf den Bürger, die dem Einzelnen mehr zutraut. Wir brauchen mehr Vertrauen in seine Problemlösungsfähigkeit; mehr Vertrauen, dass der Bürger seine Geschicke selber lenken kann.

Unter den Bedingungen der Gegenwart heißt das, den Bürger bei Schwierigkeiten gerade *nicht* aus der Verantwortung herauszunehmen. Es heißt, ihm etwas zuzutrauen. Das heißt keine bedingungslose Verpflichtung aus einer staatlichen Überzuständigkeit heraus, sondern ein feingestimmtes Gefühl für Angemessenheit, die Autonomie des Anderen zu erhalten. An jemanden glauben und das vermitteln. An seinen Ressourcen andocken. Dadurch Selbstvertrauen aufbauen. Fürsorglichkeit also in dem Sinne, die Bedingungen der Möglichkeit von Leistung aus Individualität zu optimieren. Dazu braucht es Augenmaß. Der Staat kann beim Verbraucherschutz durchaus auf die Souveränität der Konsumenten setzen; der Bürger weiß selbst, was für ihn gut ist. Der Bürger braucht auch keine »geistige Orientierung« – die staatliche Hirtenbriefmentalität gehört ins 19. Jahrhundert. Er muss auch weder über die Gefahren der »Ego-Gesellschaft« aufgeklärt werden, noch braucht er staatliche Aphrodisiaka für sein Geschlechtsleben. Auch die Lordsiegelbewahrer der Ökomoral können zu Hause bleiben – niemand braucht sie wirklich.

Mehr Vertrauen, das bedeutet auch *mehr* Vertrauen in den Markt. Der Markt ist nicht die Lösung aller Probleme; ein undifferenzierter »Glauben an den Markt« ist nicht besser als ein »Glauben an den Staat« – Skepsis ist hier wie dort angesagt. Aber wenn der Markt uns zwingt, auf etwas zu verzichten, so haben wir damit selten Mühe. Wenn es die Politik versucht, gehen wir auf die Barrikaden. Wir müssen mithin *mehr* gesellschaftliche Bereiche durch den Markt regeln lassen – wenn wir so auch den Zorn der Staatsanbeter erzeugen, die es sich nicht vorstellen können, etwas aus der »demokratisch kontrollierten Verantwortung« (Jürgen Habermas) zu entlassen. Und, zugegeben, das fällt nicht leicht bei obszönen Managergehältern, Abfindungen und Bilanzfälschungen. Aber lassen wir uns von einigen Maximalprofiteuren nicht den Blick auf das Grundsätzliche verstellen: Nur die Marktwirtschaft ermöglicht es, Moral und Eigeninteresse *zugleich* zu verfolgen. Nur unter Marktbedingungen liegt es im Interesse eines jeden, sich moralisch zu verhalten. Nur der Markt macht aus einem einseitigen Erfolgsstreben ein wechselseitiges. Der Markt sieht den Konsumenten als Souverän an, der mit jedem Euro über das abstimmt, was *er selbst* für nützlich hält – und nicht, was andere für nützlich halten.

Es geht also darum, sich durch private Initiative in bisher staatlichen Hoheitsgebieten breit zu machen: Bildung – wann hat endlich der modernistisch eingefärbte Staatsdirigismus der Kultusministerkonferenz ein Ende? Wann erhalten Schulen mehr Autonomie? Altersversorgung, Gesundheit: Ein gesetzlicher Zwang zur Mindestabsicherung mag akzeptabel sein; ein Mehr davon können wir der individuellen Risikokalkulation des Bürgers und dem Wettbewerb anvertrauen. Darüber hinaus: Es ist auch endlich Zeit für Plebiszite – vernünftige Entwürfe gibt es dafür genug. Das Volk ist reif dafür. Die Lage schon längst.

Es muss eine möglichst große Zahl von Bürgern die Chance haben, ihr Einkommen am Markt zu erzielen. Das hat zur Konsequenz: das Beamtentum abschaffen. Sicher nicht vollständig, aber sehr weitgehend. Was sind wirklich unverzichtbare Staatsaufgaben? Müssen Lehrer Beamte sein? Wieso muss ein Richter Beamter sein? Bei Einsprüchen vor Finanzgerichten urteilt ein Staatsangestellter, ob dem Staat das Geld der Bürger zusteht; einer Großfamilie, die ihren Kindern Hausunterricht geben will, wird von einer staatlich besoldeten Richterin beschieden, dass der Besuch staatlicher Schulen zwingend sei.

Erinnern wir uns: Mangelndes Selbstvertrauen ist der Hauptgrund für unseren nationalen Sinkflug. Selbstvertrauen kann man aber nicht herbeireden. Selbstvertrauen ist eine Folge, eine Konsequenz. Das war die Eingangsfrage: »Wie schaut der Staat den Bürger an?«! Wenn die Antwort lautet: »misstrauisch, nicht zutrauend, schonend, fürsorglich, helfend, kurz: entmündigend«, dann werden wir als Gesellschaft nicht zukunftsfähig sein. Nur wenn wir dem Bürger mehr zutrauen, kann sich auch Selbstvertrauen entwickeln. Und wer sich mit Realitätssinn umschaut, der kann nicht zweifeln: Der Bürger braucht in seiner übergroßen Mehrheit nicht geschützt zu werden; er ist kein potenzielles Opfer und kein zu förderndes Mängelwesen. Man kann ihm vertrauen, dass er sein Leben selbst führen kann. Was er braucht sind vielmehr Herausforderungen, die ihn wecken, Grenzen, die ihn zum Überschreiten reizen, Rivalen, die ihn anspornen, Probleme, die ihn stimulieren. Die Wirklichkeit muss ihn mit Hürden und Hindernissen versorgen und damit bereichern. Aus diesem simplen Grund: *Selbstvertrauen resultiert aus der Erfahrung, sich aus eigener Kraft aus schwierigen Situationen befreit zu haben.* Sich an den eigenen Haaren aus dem Sumpf gezogen zu haben. Ohne fremde Hilfe. Daraus die Gewissheit geschöpft zu haben, es auch künftig zu können. Eine wichtige Erfahrung, die man nie verliert; eine Fähigkeit, die man immer bei sich trägt: nach Niederlagen sich wieder aufrichten zu können. Dadurch an Handlungsstabilität gewonnen zu haben. Davon auszugehen: »Es wird schon gut gehen, und wenn es schief geht, werde ich es schon irgendwie wieder hinkriegen.« Mit einem kalkulierten Risiko leben, weil es dazu keine vernünftige Alternative gibt. Und wenn das Vertrauen bestätigt wird, sich darüber freuen.

Auch bei Überraschungen von außen: Selbstvertrauen beinhaltet die Fähigkeit, mit dem Unerwarteten umzugehen. Das zu tun, was eine überraschende Situation erfordert. Im Enttäuschungsfall die Fassung bewahren. Im Selbstvertrauen verdichtet sich mithin die Gewissheit, zurechnungsfähig zu sein – vor allem und ganz praktisch auch als die Erfahrung, sich auf Veränderungen einstellen zu können. Das wird in der Zukunft immer wichtiger: Sich einzustellen auf Neues, als unvermeidlicher Teil eines jeden Lebensweges, der von uns Entscheidungsfähigkeit, Risikobereitschaft und Optimismus verlangt.

Wenn wir uns selbst vertrauen, dann verfügen wir auch über ein unabhängiges Urteil. Dann wissen wir selbst, was zu glauben und zu tun ist. Wir berücksichtigen zwar die Sichtweisen und Meinungen anderer; aber diese löschen nicht unsere eigenen Einsichten aus. Dann ist uns das Vertrauen in unsere eigenen Ideen wichtiger als die Anpassung an die Meinung anderer. Wir haben Zuversicht in den eigenen Einfallsreichtum, in die eigenen Kompetenzen. Wir glauben an unsere Absichten und Fähigkeiten. Wir glauben an unsere Selbstwirksamkeit. Wir sehen uns als integre Personen, sehen uns in einem positiven Licht. Es ist unser inneres, nicht relatives Gefühl eigener Wertschätzung. Manchmal schaffen es Politiker, dass die Bürger ihnen vertrauen; weise Politiker schaffen es, dass die Bürger sich selbst vertrauen.

»Lasst die Werkzeuge fallen – oder ihr werdet sterben!«

In den Jahren 1949 und 1994 kamen zwei amerikanische Feuerwehrmannschaften ums Leben, die von explodierenden Feuerstellen überrascht wurden. Die tragischen Fälle wiesen Gemeinsamkeiten auf. Jeweils waren die Feuerwehrleute schon auf dem Rückzug, aber zu langsam. Sie klammerten sich an ihre schweren Schaufeln, Feuerspritzen und Rucksäcke, ließen sie nicht fallen – sogar gegen eindeutigen Befehl. Dadurch verloren sie wertvolle Meter. Sie kamen um, in beiden Fällen nur wenige Schritte vor der rettenden Deckung.

Der Organisationspsychologe Karl E. Weick hat diese Fälle zum Anlass genommen, über Widerstand gegen notwendige Veränderungen nachzudenken. Er stellt die Frage: *Warum* ließen die Feuerwehrleute in lebensbedrohender Situation die Werkzeuge nicht fallen? Seine Antworten sind vielfältig:

- Instrumente reduzieren Angst; den Feuerwehrleuten hatten sie in Hunderten von Fällen geholfen; warum sie jetzt wegwerfen?
- Die Feuerwehrleute hatten keine Übung im Loslassen; sie hatten das Wegwerfen von Unbrauchbarem niemals vorher geprobt.
- Die Feuerwehrleute taten das, was sie gelernt hatten und was sie am besten konnten: Das Festhalten der Instrumente war tief in ihnen verwurzelt.
- Sie hielten die Instrumente für zu wertvoll, um sie einfach wegzuwerfen. Etliche Überlebende berichteten, dass die Feuerwehr-

leute erst nach geeigneten Stellen suchten, wo sie die Werkzeuge sorgsam ablegen konnten.

- Zudem schien sich die Situation für sie nicht deutlich genug zu verbessern, wenn sie einfach die Werkzeuge fallen ließen – der Verlust schien ihnen höher als der mögliche Gewinn. Aber ohne die Werkzeuge hätten sie einige Zentimeter mehr pro Schritt machen können – was auf die ganze Strecke gesehen den Unterschied zwischen Leben und Tod bedeutet hätte.
- Schwer wog auch der Verlust für die eigene Identität: Was macht ein Feuerwehrmann ohne Instrumente, die das Feuer wehren? Person und Werkzeug waren verschmolzen. Mit bloßen Händen lässt sich kein Feuer bekämpfen. Das Wegwerfen der Werkzeuge kam mithin einer Identitätskrise gleich.

Die Krise ist dafür da, Bilanz zu ziehen – Untaugliches wegzuwerfen. Wie oft hält man aus Routine oder auch nur purem Nichtlos-lassen-Wollen etwas fest. Am Ende hat man »alle Hände voll«, man kann kaum gehen, schon gar nicht laufen, geschweige denn nach etwas greifen – und eben auch nicht nach einer Lösung, die eigentlich zum Greifen nahe ist. Die liebgewordenen Instrumente angesichts einer kritischen Situation womöglich noch fester zu umklammern – das ist das Schlimmste, was Menschen tun können, wenn es auf Beweglichkeit ankommt. Wenn die Umwelt sich verändert, muss man loslassen können. Das gilt auch für die Politik. Dann tun die Menschen das, was sie wollen – und nicht, was sie sollen. Dann leben wir in einem reichen Land.

Nachwort

Ich bin ein Staatsfeind – mit diesen Worten begann ich dieses Buch. Nun ist es Zeit, diesen Staat zu ehren. Ehren dafür, dass ich dieses Buch schreiben und veröffentlichen kann. Das sei selbstverständlich? Sollte es sein. Aber es war nicht immer so, ist auch heute nicht überall so, und es steht zu fürchten, dass es nicht immer und überall so sein wird. Wie hoch dies zu schätzen ist, das hat Alberto Savinio klar gesagt: »Der Grad an Menschlichkeit eines Unternehmens, einer Tat, einer Lage ist messbar an dem Mehr oder Weniger an Freiheit, die sie uns gewähren, über uns selbst zu verfügen.«

Literatur

Adam, Konrad: Was Deutschland wirklich braucht, in: *universitas* 02/2003, S. 177–180

Agamben, Giorgio: *Homo sacer*, Frankfurt 2002

Agamben, Giorgio: *Ausnahmezustand*, Frankfurt 2004

Ashby, W. R.: *An Introduction to Cybernetics*, London 1970

Assheuer, Thomas: Das nackte Leben, in: *Die Zeit*, 28 v. 01.07.2004, S. 43

Baader, Roland: Freiheits-Funken, in: *eigentümlich frei*, 5/2001, S. 37, S. 39

Bandura, Albert: *Self-Efficacy*, Cambridge 1997

Barbier, Hans D.: Vom Reißen, in: *FAZ* v. 02.07.2004, S. 13

Battisti, S.: Humboldts Staats- und Gesellschaftsauffassung und das Subsidiaritätsprinzip, in: *Jahrbuch zur Liberalismusforschung*, Bd. 6, Baden-Baden 1994

Berthold, Norbert/Drews, Stefan: *Die Bundesländer im Standortwettbewerb*, Gütersloh 2001

Bieri, Peter: *Das Handwerk der Freiheit*, München 2001

Bouillon, Hardy: *Freiheit, Liberalismus und Wohlfahrtsstaat*, Baden-Baden 1997

Brenner, Peter J., Die Idee der Universität, in: *Universitas* 04/2004, S. 377–391

Breyer, Friedrich u.a. (Hg.): *Reform der sozialen Sicherung*, Berlin 2004

Bröckling, Ulrich u.a. (Hg.): *Gouvernementalität der Gegenwart*, Frankfurt 2000

Bruckner, Pascal: *Ich leide, also bin ich*, Weinheim 1996

Cube, Felix v.: *Fordern statt Verwöhnen*, München 1997

Dahrendorf, Ralf: *Gesellschaft und Demokratie in Deutschland*, München 1965

Dahrendorf, Ralf: Es ist uns noch nie so gut gegangen, in: *universitas*, 2003, S. 996–1009

Deckstein, Dagmar/Felixberger, Peter: *Arbeit neu denken,* Frankfurt/New York 2000
Deysson, Christian: Die Deutschen, ein Nachruf, in: *Wirtschaftswoche* v. 14.11.2002, S. 22–26
Doering, Detmar: Gibt es eine Verantwortung gegenüber künftigen Generationen, in: *eigentümlich frei* 4/99, S. 259–263
Dörrbecker, Alexander: Edmund Burke, in: *ef-magazin* 6/2004, S. 36–40
Ederer, Günter: *Die Sehnsucht nach einer verlogenen Welt,* München 2000
Ederer, Günter: Die Suche nach Erhards Enkeln, in: *Orientierungen zur Wirtschafts- und Gesellschaftspolitik,* 4/2003, S. IX-XII
Eibl-Eibesfeldt, Irenäus: *Die Biologie des menschlichen Verhaltens,* München 1997
Eibl-Eibesfeldt, Irenäus: *Wider die Misstrauensgesellschaft,* München 1997
Eibl-Eibesfeldt, Irenäus: *Der Mensch – das riskierte Wesen,* München 1997
Elias, Norbert: *Studien über Deutschland,* Frankfurt 1989
Euring, Florian A.: Vermögen, Privilegien, Neid und Willkür, in: *eigentümlich frei* 4/2003, S. 22–25
Fasel, Andreas: Korruption? Bei uns nicht!, in: *Welt am Sonntag,* 09.05.04, S. 88
Felixberger, Peter: Rolle rückwärts!, in: *changex* v. 17.03.2003
Felixberger, Peter: Das Utopische wagen, in: *Süddeutsche Zeitung* v. 28.07.2003
Foucault, Michel: *Der Mensch ist ein Erfahrungstier,* Frankfurt 1996
Fischer, Gabriele: Sie wollen nur reden, in: *brand eins* 04/2004, S. 4
Fuhrmann, Martin: *Volksvermehrung als Staatsaufgabe,* Paderborn 2002
Gadamer, Hans-Georg: *Wahrheit und Methode,* Tübingen 1972
Ganghof, Steffen: *Wer regiert in der Steuerpolitik,* Frankfurt 2004
Habermann, Gerd: Die Ökonomie des Neides, in: *Cicero* 9/2004, S. 108–111
Habermas, Jürgen: *Die Krise des Wohlfahrtsstaates,* Frankfurt 1985
Hank, Rainer: *Das Ende der Gleichheit,* Frankfurt 2000
Hank, Rainer: Der Letzte macht das Licht aus, in: *FASZ* v. 15.12.2002, S. 13
Hartung, Klaus: Der neue deutsche Weg, in: *Die Zeit,* 09.10.2003, S. 4
Hayek, Friedrich August v.: *Der Weg zur Knechtschaft,* Zürich 1948
Hefty, Georg Paul: Die Feinsteuerung von Staat und Gesellschaft, in: *FAZ* v. 12.01.04, S. 1

Heiniger, Yvonne u.a. (Hg.): *Ökonomik der Reform,* Zürich 2004
Herz, Wilfried: Die unersättliche Gier des Staates, in: *Die Zeit* v. 10.10.2002, S. 30
Herz, Wilfried: Die Paragrafentöter, in: *Die Zeit* v. 06.11.2003, S. 19
Herzinger, Richard: *Die Tyrannei des Gemeinsinns,* Berlin 1997
Herzinger, Richard: Die Freiheit nehm ich mir, in: *Die Zeit* 32/2003. S. 1
Hetzer, Jonas/Palan, Dietmar: Eichels kleiner Horrorladen, in: *manager magazin* 6/04, S. 157–165
Heuser, Uwe Jean: Keiner wird gewinnen, in: *Die Zeit* v. 21.03.2002, S. 49
Heuser, Uwe Jean: *Das Unbehagen im Kapitalismus,* Berlin 2000
Hoelzgen, Joachim: Schweizer Bergdorf lockt mit Schwanzprämie, in: *Spiegel Online* 25.06.04
Horx, Matthias: Reise nach Ichtopia, in: *Cicero* 6/2004, S. 84 – 87
House, Robert J.: Culture, *Leadership and Organizations,* Chicago 2004
Hülsmann, Jörg Guido: Allein mit dem Staat, in: *eigentümlich frei* 05/2004, S. 13
Jasay, Anthony de: *Liberalismus neu gefasst,* Berlin 1995
Jasay, Anthony de: Eingebaute Arbeitslosigkeit, in: *FAZ* v. 02.10.2004
Joffe, Josef: Deutschland, einig Klüngelland, in: *Die Zeit* v. 07.03.2002
Kahl, Reinhard: Was Deutschland wirklich braucht, in: *universitas* 2004, S. 393–399
Kahneman, Daniel/Tversky, Amos (Hg.): *Judgement under uncertainty,* Cambridge 1991
Kaube, Jürgen: Land (schon wieder) unter oder Wohin treibt die Zeitdiagnostik? in: *FAZ* v. 11.05.2004, S. 23
Keese, Christoph: Traum vom Auswandern, in: *Financial Times Deutschland* v. 14.11.2002, S. 15
Keese, Christoph: *Rettet den Kapitalismus,* Hamburg 2004
Kesting, Jürgen: Sind wir noch gesund?, in: *universitas* 04/2004, S. 410–412
Kersting, Wolfgang: *Kant über Recht,* Paderborn 2004
Keupp, Individueller Gemeinsinn, in: *universitas* 7/1997, S. 634–647
Kirchhof, Paul: *Der sanfte Verlust der Freiheit,* München 2004
Kirchhof, Paul: Steuern durch Steuern, in: *universitas* 08/2004, S, 809–819
Kirsch, Guy: Das Hemd, der Rock und der Bürger, in: *FASZ* v. 31.08.03, S. 11
Körber-Stiftung (Hg.): *Wieviel Gemeinsinn braucht die liberale Gesellschaft?* Hamburg 1993

Konrad, Kai: Paare in der Steuerfalle, in: *Die Zeit* v. 15.08.2002, S. 26
Kotlikoff, Laurence: Fiskalischer Kindesmissbrauch, in: *Wirtschaftswoche* 22/2004, S. 30
Kusitzky, Alexandra: Billiger Bindfaden, in: *Wirtschaftswoche* 01/2003, S. 116–117
Leicht, Robert: Gesucht: Ein Sündenbock – und ein Retter für die FDP, in: *Die Zeit* v. 20.04.2001, S. 1
Levine, Robert: *Die große Verführung*, München 2003
Loer, Thomas: Freiheit statt Vollbeschäftigung, in: *FAZ* v. 26.05.04, S. 9
Lotter, Wolf: Von Hänschen zu Hans, in: *brand eins* 03/2004, S. 12
Lotter, Wolf: Die geschlossene Anstalt, in: *brand eins* 04/2004, S. 48–57
Lotter, Wolf: Fahr los!, in: *brand eins* 11/2004, S. 60–69
Lübbe, Hermann: *Hintergrundphilosophie*, Osnabrück 1997
Lütge, Christoph: Zum Vorteil aller, in: *FAZ* v. 06.03.2004, S. 15
Mann, Thomas: *Betrachtungen eines Unpolitischen* (1918), Frankfurt 1983
Margalit, Avishai: *Politik der Würde*, Berlin 1997
Markl, Hubert: Houdini verkehrt: Weltmeister der Selbstfesselung, in: *universitas* 8/2002, S. 776- 790
Miegel, Meinhard: *Die deformierte Gesellschaft*, Berlin 2003
Mond, Oliver van der: Die Absurdität von Mindestlöhnen, in: *eigentümlich frei* 11/2003, S. 38–39
Myers, David: *Social Psychology*, New York 1996
Nadolny, Sten: *Das Erzählen und die guten Ideen*, München 2001
Naumann, Michael: Die Spaßverderber, in: *Die Zeit* v. 23.10.2003, S. 49
Naumann, Michael: Der Kanzler in Not, in: *Die Zeit* v. 17.06.2004, S. 1
Niejahr, Elisabeth: Die heimliche Hausmacht, in: *Die Zeit* v. 29.08.2002, S. 5
Niejahr, Elisabeth: Das Milliarden-Grab, in: *Die Zeit* 43/2002, S. 1
Nolte, Paul: *Die Ordnung der deutschen Gesellschaft*, München 2000
Norberg, Johan, *Das kapitalistische Manifest*, Frankfurt 2003
Nozick, Robert: *Anarchie, Staat, Utopia*, München 1971
Pippin, Robert: Über Selbstgesetzgebung, in: *Deutsche Zeitschrift für Philosophie* 6/2003, S. 905–926
Plickert, Philip: Umerziehungslager BRD jetzt mit Schuldvermutung, in: ef-magazin 6/2004, S. 14–15
Popper, Karl: *Ich weiß, dass ich nichts weiß – und kaum das*, Frankfurt 1994
Priddat, Birger: Signale aus dem schwarzen Loch, in: *Die Zeit* v. 03.06.04, S. 13

Prollius, Michael von: Freiheit statt Sozialismus, in: *eigentümlich frei* 6/2003, S. 11
Pscherer, Jörg: Der Glaube an die eigene Kraft versetzt Berge, in: *Psychologie Heute* 11/2004. S. 24–27
Roehl, Heiko: We are the tools of our tools, in: *OrganisationsEntwicklung* 4/2001, S. 7
Rose, Manfred (Hg.): *Integriertes Steuer- und Sozialsystem,* Heidelberg 2003
Rügemer, Werner: *Cross Border Leasing,* Münster 2004
Rulff, Dieter: Unsichere Gesellschaft, in: *Frankfurter Rundschau* v. 15.03.2004, S. 28
Savinio, Alberto: *Tutta la vita,* Rom 1945
Schelsky, Helmut: *Auf der Suche nach Wirklichkeit,* München 1979
Seaberg, James: Die Manipulation der öffentlichen Meinung, in: *eigentümlich frei* 6/2003, S. 38–41
Selmer, Peter: Der gerechte Steuerstaat, Zu Klaus Tipke: Die Steuerrechtsordnung (Köln 1993), in: *Finanzarchiv* 52/1995, S. 234–262
Siebert, Horst: *Der Kobra-Effekt,* München 2001
Sinn, Hans-Werner: *Ist Deutschland noch zu retten?* München 2003
Sloterdijk, Peter: Interview in: *Wirtschaftswoche* v. 19.07.2001 S. 24–26
Sofsky, Wolfgang: Aufruhr der Entbehrlichen, in: *Die Welt* v. 25.08.2004
Steiner, George: *Der Meister und seine Schüler,* München 2004
Steiner, Rudolf: *Die Philosophie der Freiheit,* Stuttgart 1967
Steingart, Gabor: *Deutschland – Der Abstieg eines Superstars,* München 2004
Strauss, Botho: *Der Untenstehende auf Zehenspitzen,* München 2004
Streeck, Wolfgang u.a. (Hg.): *Alle Macht dem Markt,* Frankfurt 2003
Thomä, Dieter: *Vom Glück in der Moderne,* Frankfurt 2003
Tipke, Klaus: *Die Steuerrechtsordnung,* Köln 1993
Tipke, Klaus u.a. (Hg.): *Besteuerung von Einkommen,* Berlin 2000
Trebesch, Karsten: Die schweren Werkzeuge fallen lassen, in: *OrganisationsEntwicklung* 4/2001, S. 5–6
Ullrich, Andreas: Pisa, Pest und Paragrafen, in: *eigentümlich frei* 29/2002, S. 11–13
»Union: Männer macht mehr Kinder« in: *Bild-Zeitung* v. 27.06.04
Waschkuhn, Arno: *Was ist Subsidiarität?* Opladen 1995
Weick, Karl E.: Drop Your Tools: An Allegory for Organization Studies, in: *Administrative Science Quarterly* 41, 1996, S. 301–313
Weizsäcker, C. Christian v.: Die Perversion eines Prinzips, in: *FAZ* v. 22.03.03, S. 15

Weizsäcker, C. Christian v.: Lissabon und der Fall Alstom, in: *Handelsblatt* v. 22.04.04, S. 9
Wesseloh, Julia: Nicht lenken – denken, in: *brand eins* 10/03, S. 72–77